국민연금공단

필기시험 모의고사

[6급갑 전산직]

정답 및 해설

SEOWONGAK
(주)서원각

제 1 회 정답 및 해설

직업기초능력평가

1 ③

③ 주어진 회의록에서의 '조정'은 '어떤 기준이나 실정에 맞게 정돈함'을 의미하는 '調整'이다.

보기의 '調停'은 '분쟁을 중간에서 화해하게 하거나 서로 타협점을 찾아 합의하도록 함'을 의미한다.

2 ④

별도 검진자는 사전 경리부에 연락하여 실시기관 문의를 먼저 하여야 한다고 안내하고 있다.

① 검진 전날 저녁 9시 이후부터는 금식해야 한다고 언급되어 있다.

② 생리 중인 여성은 검진을 피해야 한다고 언급되어 있으며, 그에 따른 별도검진이 예상되므로 안내와 같이 경리부 담당자와 별도 검진일을 협의해야 한다.

③ 검진대상자는 사전에 배부한 '건강검진표', '구강검사표', '문진표'를 작성하여 경리부에 제출토록 언급되어 있다.

3 ④

법정대시인 → 법정대리인

재란법인 → 재단법인

정부투기기관 → 정부투자기관

체유하는 → 체류하는

4 ④

이 글이 주제는 마지막 문단에 '그러므로 ~' 뒤로 이어지는 부분이라고 할 수 있다.

5 ④

④ 절약은 소비를 줄이는 행동이지만 이를 통해 원자로 1기를 덜 지어도 동일한 생산 효과를 얻을 수 있다는 말이다.

① 절약을 통해 생산이 감소한다는 것은 단순하게 이해한 것으로, 절약을 통해 불필요한 생산을 막을 수 있다는 의미가 드러나지 않았다.

② 절약으로 전력 사용량을 감소시킬 수 있다.

③ 절약을 통해 불필요한 생산을 막을 수 있기 때문에 생산과 관련이 있다.

6 ④

④ 글쓴이는 우리가 처해진 문제 상황을 제시하고 이 속에서 에너지의 절약은 선택 사항이 아니라 반드시 해야 하는 필수임을 강조하고 있다.

7 ④

홍수량 배제능력이 부족한 저수지 등의 주요시설 복구는 개선복구를 원칙으로 한다.

8 ①

한글 맞춤법 제43항에 따르면 '단위를 나타내는 명사는 띄어 쓴다.'라고 규정하고 있다. 다만, 순서를 나타내는 경우나 숫자와 어울리어 쓰이는 경우에는 붙여 쓸 수 있다.

9 ④

주체 높임은 용언의 어간에 높임의 선어말 어미 '-시-'를 붙여 문장의 주체를 높인다.

㉣에서는 종결어미 '-지요'를 사용하여 청자에게 높임의 태도를 나타내는 상대 높임 표현이 쓰였다.

10 ④

김 실장은 중국의 소비가 급등한 원인을 1인 가구의 급속한 증가로 인한 것으로 보았으나 인도는 10가구 중 9가구가 자녀가 있으며, 부양가족의 수가 많으면 소비가 낮다는 것을 고려한 것이다.

11 ①

낙지볶음 30인분과 설렁탕 5인분, 삼겹살 55인분과 마른안주 10개, 맥주와 소주 각각 40병은 240,000+35,000+500,000+110,000+180,000+140,000=1,255,000원이 되어 예산을 초과하게 된다.

② 삼겹살 60인분과 맥주, 소주 각각 30병은 740,000원이 되므로 식사류 어느 메뉴를 주문해도 예산을 초과하지 않게 된다.

③ 600,000+132,000+144,000+135,000+105,000=1,116,000원이 되어 주문이 가능하다.

④ 삼겹살 60인분, 골뱅이 무침 10개와 맥주 50병은 915,000원이므로 역시 식사류 어느 것을 주문해도 예산을 초과하지 않게 된다.

12 ②

[질문 1-2-3]에 따른 조사 결과를 바탕으로 '시민들의 이용 행태' 개선을 위해 취할 수 있는 방법을 생각할 수 있다.

② 시설물의 질과 양은 공원 이용에 만족하는 가장 큰 원인이다.

13 ④

고객은 많은 문제를 풀어보기를 원하므로 우선적으로 예상문제의 수가 많은 것을 찾아야 한다.

14 ③

고객의 요구인 20,000원 가격선과 예상문제의 수가 많은 도서는 문제완성이 된다.

15 ①

주식, 채권은 직접 금융 시장에서 자금을 조달하며, 주식은 수익성이 높으며, 저축과 채권은 주식보다는 안정성이 높다.

16 ①

만약 A가 범인이라고 가정한다면

	A	B	C
첫 번째 진술	×	×	○
두 번째 진술			×
세 번째 진술			×

C의 두 번째와 세 번째 진술은 거짓이므로 A와 C는 만나 적이 있다.

그러면 A의 세 번째 진술은 참이 되고 A의 두 번째 진술과 B의 세 번째 진술은 거짓이 된다.

이 경우 B의 첫 번째 진술과 세 번째 진술이 거짓이므로 두 번째 진술은 참이 되어야 하는데 C이 두 번째 진술과 상충되므로 가정을 한 A는 범인이 아니다.

C가 범인이라고 가정을 하면 A-㉢, B-㉡, C-㉡이 진실일 때 모순이 없다.

17 ②

② 시제품 B는 C에 비해 독창성 점수가 2점 높지만 총점은 같다. 따라서 옳지 않은 발언이다.

18 ②

각 조건의 대우는 다음과 같다.

- 영어를 잘하는 사람은 수학도 잘한다.
- 미술을 잘하는 사람은 국어도 잘한다.
- 미술을 못하는 사람은 영어도 못한다.

주어진 세 번째 조건과, 두 번째 조건의 대우를 연결하면 '영어를 잘하는 사람은 미술을 잘하고, 미술을 잘하는 사람은 국어도 잘한다'가 되므로 B는 옳다. A는 알 수 없다.

19 ②

- 화, 수, 목 중에 실시해야 하는 금연교육을 4회 실시하기 위해서는 반드시 화요일에 해야 한다.
- 금주교육이 월요일과 금요일을 제외한 다른 요일에 시행하므로 10일 이전, 같은 주에 이틀 연속으로 성교육을 실시할 수 있는 날짜는 4~5일뿐이다.
- 상황과 조건에 따라 A대학교 보건소의 교육 일정을 정리해 보면 다음과 같다.

월	화	수	목	금	토	일
1	금연 2	3	성 4	성 5	X 6	X 7
8	금연 9	10	11	12	X 13	X 14
15	금연 16	17	18	19	X 20	X 21
중 22	간 23	고 24	사 25	주 26	X 27	X 28
29	금연 30					

• 금주교육은 (3, 10, 17), (3, 10, 18), (3, 11, 17), (3, 11, 18) 중 실시할 수 있다.

20 ④

반장은 머리가 좋다. 또는 반장은 얼굴이 예쁘다(㉢ 또는 ㉣).

머리가 좋거나 얼굴이 예쁘면 반에서 인기가 많다(㉤).

∴ 반장은 반에서 인기가 많다.

※ ㉥의 경우 머리도 좋고 얼굴도 예뻐야 반에서 인기가 많다는 의미이므로 주어진 진술이 반드시 참이 되지 않는다.

21 ④

지정 범위에서 인수의 순위를 구하는 경우 'RANK' 함수를 사용한다. 이 경우, 수식은 '=RANK(인수, 범위, 결정 방법)'이 된다. 결정 방법은 0 또는 생략하면 내림차순, 0 이외의 값은 오름차순으로 표시하게 된다.

22 ③

'#NULL!' 은 교차하지 않은 두 영역의 교차점을 참조 영역으로 지정하였을 경우 발생하는 오류 메시지이며, 잘못된 인수나 피연산자를 사용했을 경우 발생하는 오류 메시지는 #VALUE! 이다.

23 ③

미래사회는 지식정보의 창출 및 유통 능력이 국가경쟁력의 원천이 되는 정보사회로 발전할 것이다. 정보사회는 무한한 정보를 중심으로 하는 열린사회로 정보제공자와 정보소비자의 구분이 모호해지며 네트워크를 통한 범세계적인 시장 형성과 경제활동이 이루어진다. 정보통신은 이러한 미래 정보사회의 기반으로서, 지식정보의 창출과 원활한 유통이 가능해지기 위해서는 정보통신의 역할이 중요하다. 정보통신 기반을 활용함에 따라 정보사회의 활동 주체들은 모든 사회경제활동을 시간 · 장소 · 대상에 구애 받지 않고 수행할 수 있게 될 것이다.

24 ①

각국의 해외여행 시 지참해야 할 물품이 기록된 자료는 향후에도 유용하게 쓸 수 있는 정보이므로 바로 버려도 되는 동적정보로 볼 수 없다. 나머지 선택지에 제시된 정보들은 모두 1회성이거나 단기에 그 효용이 끝나게 되므로 동적정보이다.

※ 신문이나 텔레비전의 뉴스는 상황변화에 따라 수시로 변하기 때문에 동적정보이다. 반면에 잡지나 책에 들어있는 정보는 정적정보이다. CD-ROM이나 비디오테이프 등에 수록되어 있는 영상정보도 일정한 형태로 보존되어 언제든지 동일한 상태로 재생할 수 있기 때문에 정적정보로 간주할 수 있다.

25 ③

새로운 정책에 대하여 시민의 의견을 알아보고자 하는 것은 정책 시행 전 관련된 정보를 수집하는 단계로, 설문조사의 결과에 따라 다른 정보의 분석 내용과 함께 원하는 결론을 얻을 수 있다.

26 ①

㈎ RFID : IC칩과 무선을 통해 식품 · 동물 · 사물 등 다양한 개체의 정보를 관리할 수 있는 인식 기술을 지칭한다. '전자태그' 혹은 '스마트 태그', '전자라벨', '무선식별' 등으로 불린다. 이를 기업의 제품에 활용할 경우 생산에서 판매에 이르는 전 과정의 정보를 초소형 칩(IC칩)에 내장시켜 이를 무선주파수로 추적할 수 있다.

㈏ 유비쿼터스 : 유비쿼터스는 '언제 어디에나 존재한다.'는 뜻의 라틴어로, 사용자가 컴퓨터나 네트워크를 의식하지 않고 장소에 상관없이 자유롭게 네트워크에 접속할 수 있는 환경을 말한다.

㈐ VoIP : VoIP(Voice over Internet Protocol)는 IP 주소를 사용하는 네트워크를 통해 음성을 디지털 패킷(데이터 전송의 최소 단위)으로 변환하고 전송하는 기술이다. 다른 말로 인터넷전화라고 부르며, 'IP 텔레포니' 혹은 '인터넷 텔레포니'라고도 한다.

27 ④

대학은 Academy의 약어를 활용한 'ac.kr'을 도메인으로 사용한다. 주어진 도메인 외에도 다음과 같은 것들을 참고할 수 있다.

㉠ co.kr – 기업/상업기관(Commercial)
㉡ ne.kr – 네트워크(Network)
㉢ or.kr – 비영리기관(Organization)
㉣ go.kr – 정부기관(Government)
㉤ hs.kr – 고등학교(High school)
㉥ ms.kr – 중학교(Middle school)
㉦ es.kr – 초등학교(Elementary school)

28 ④

VLOOKUP은 범위의 첫 열에서 찾을 값에 해당하는 데이터를 찾은 후 찾을 값이 있는 행에서 열 번호 위치에 해당하는 데이터를 구하는 함수이다. 단가를 찾아 연결하기 위해서는 열에 대하여 '항목'을 찾아 단가를 구하게 되므로 VLOOKUP 함수를 사용해야 한다.

찾을 방법은 TRUE(1) 또는 생략할 경우, 찾을 값의 아래로 근삿값, FALSE(0)이면 정확한 값을 표시한다.

VLOOKUP(B2,$A$8:$B$10,2,0)은 'A8:B10' 영역의 첫 열에서 '식비'에 해당하는 데이터를 찾아 2열에 있는 단가 값인 6500을 선택하게 된다.

따라서 '=C2*VLOOKUP(B2,$A$8:$B$10,2,0)'은 10 × 6500이 되어 결과값은 65000이 되며, 이를 드래그하면, 각각 129000, 42000, 52000의 사용금액을 결과값으로 나타내게 된다.

29 ④

'$'는 다음에 오는 셀 기호를 고정값으로 묶어 두는 기능을 하게 된다.

(A) : A6 셀을 복사하여 C6 셀에 붙이게 되면, 'A'셀이 고정값으로 묶여 있어 (A)에는 A6 셀과 같은 '$A$1+$A2'의 값 10이 입력된다.

(B) : (B)에는 '$'로 묶여 있지 않은 2행의 값 대신에 4행의 값이 대응될 것이다. 따라서 '$A$1+$A4'의 값인 9가 입력된다.

따라서 (A)와 (B)의 합은 10+9=19가 된다.

30 ①

㈎ COUNTIF는 범위에서 해당 조건을 만족하는 셀의 개수를 구하는 함수이다. 따라서 'B2:E2' 영역에서 E2의 값인 5와 같지 않은 셀의 개수를 구하면 3이 된다.

㈏ 'B2:E2' 영역에서 3을 초과하는 셀의 개수를 구하면 3이 된다.

㈐ A1에서 E3의 범위에서 2행4열의 값은 3이 된다.

31 ③

다음 달의 첫째 날이 금요일이므로 아래와 같은 달력을 그려 볼 수 있다.

일	월	화	수	목	금	토
					1	2
3	4	5	6	7	8	9
10	11	12	13	14	15	16
17	18	19	20	21	22	23
24	25	26	27	28	29	30

3박4일 일정이므로 평일에 복귀해야 하며 주말이 모두 포함되는 일정을 피하기 위해서는 출발일이 일, 월, 화요일이어야 한다. 또한 출장 결과 보고를 위해서는 금요일에 복귀하게 되는 화요일 출발 일정도 불가능하다. 따라서 일요일과 월요일에만 출발이 가능하다. 그런데 27일과 13일이 출장 일정에 포함될 수 없으므로 10, 11, 24, 25일은 제외된다. 따라서 3, 4, 17, 18일에 출발하는 4가지 일정이 가능하다.

32 ③

③ 丙 – 통역료 : 800,000원+출장비 : 200,000원(40,000+160,000)=1,000,000

① 甲 – 통역료 : 600,000원+출장비 :120,000원(20,000+100,000)=720,000

② 乙 – 통역료 : 750,000원+출장비 : 120,000원(20,000+100,000)=870,000

④ 丁 – 통역료 :750,000원+출장비 : 140,000원(20,000+120,000)=890,000

33 ②

주어진 비용 항목 중 원재료비, 장비 및 시설비, 출장비, 인건비는 직접비용, 나머지는 간접비용이다.

- 직접비용 총액 : 4억 2백만 원 + A
- 간접비용 총액 : 6천만 원 + B

간접비용이 전체 직접비용의 30%를 넘지 않게 유지하여야 하므로,

(4억 2백만 원 + A) × 0.3 ≧ 6천만 원 + B

따라서 보기 중 ②와 같이 출장비에 8백만 원, 광고료에 6천만 원이 책정될 경우에만, 직접비용 총계는 4억 1천만 원, 간접비용 총계는 1억 2천만 원이므로 팀장의 지시사항을 준수할 수 있다.

34 ③

시간 관리를 효율적으로 하기 위하여 (나), (마), (사)는 다음과 같이 수정되어야 한다.

(나) 시간 배정을 계획하는 일이므로 무리한 계획을 세우지 말고, 실현 가능한 것만을 계획하여야 한다.

(마) 시간계획은 유연하게 해야 한다. 시간계획은 그 자체가 중요한 것이 아니고, 목표달성을 위해 필요한 것이다.

(사) 꼭 해야만 할 일을 끝내지 못했을 경우에는 차기 계획에 반영하여 끝내도록 하는 계획을 세우는 것이 바람직하다.

35 ④

금리를 높일 수 있는 방법은 가입기간을 길게 하며, 해당 우대금리를 모두 적용받는 것이다. 따라서 3년 기간으로 계약하여 2.41%와 두 가지 우대금리 조건을 모두 충족할 경우 각각 0.2%p와 0.3%p(3명의 추천까지 적용되는 것으로 이해할 수 있다.)를 합한 0.5%p가 적용되어 총 2.91%의 연리가 적용될 수 있다.

① 비대면전용 상품이므로 은행 방문 가입은 불가능하다.

② 9개월은 계약기간의 3/4에 해당하는 기간이며 월 평균 적립금액이 10만 원이므로 이후부터는 1/2인 5만 원의 월 적립금액이 허용된다.

③ 가입기간별 우대금리가 다르게 책정되어 있음을 알 수 있다.

36 ③

③ 이동 후 인원수가 감소한 부서는 37명→31명으로 바뀐 관리팀뿐이다.

① 영업팀은 1명 증가, 생산팀은 5명 증가, 관리팀은 6명 감소로 관리팀의 인원수 변화가 가장 크다.

② 이동 전에는 영업팀 > 관리팀 > 생산팀 순으로 인원수가 많았으나, 이동 후에는 영업팀 > 생산팀 > 관리팀 순으로 바뀌었다.

④ 가장 많은 인원이 이동해 온 부서는 영업팀(9+10=19)과 생산팀(7+12=19)이며, 관리팀으로 이동해 온 인원은 11+5=16명이다.

37 ④

조직의 영리 추구에 부합하는 이득은 인적자원뿐 아니라 시간, 돈, 물적자원과의 적절한 조화를 통해서 창출된다. 그러나 인적자원은 능동성, 개발가능성, 전략적 자원이라는 특성에서 예산이나 물적자원보다 중요성이 크다고 할 수 있다.

38 ④

시간자원, 예산자원, 인적자원, 물적자원은 많은 경우에 상호 보완적으로 또는 상호 반대급부의 의미로 영향을 미치기도 한다. 주어진 글과 같은 경우뿐 아니라 시간과 돈, 인력과 시간, 인력과 돈, 물적자원과 인력 등 많은 경우에 있어서 하나의 자원을 얻기 위해 다른 유형의 자원이 동원되기도 한다.

보기 ③에서 언급한 자원의 유한성이라는 의미는 이미 외국과의 교류를 포함한 가치이며, 지구 환경과 생태계에 대한 국제적 논의가 활발해짐에 따라 지구촌에서의 자원의 유한성 문제가 갈수록 부각되고 있다.

39 ③

주어진 표는 재무제표의 하나인 '손익계산서'이다. '특정한 시점'에서 그 기업의 자본 상황을 알 수 있는 자료는 대차대조표이며, 손익계산서는 '일정 기간 동안'의 기업의 경영 성과를 한눈에 나타내는 재무 자료이다.

① 해당 기간의 최종 순이익은 '당기순이익'이다. 순이익이란 매출액에서 매출원가, 판매비, 관리비 등을 빼고 여기에 영업외 수익과 비용, 특별 이익과 손실을 가감한 후 법인세를 뺀 것이다. 그래서 '순이익' 기업이 벌어들이는 모든 이익에서 기업이 쓰는 모든 비용과 모든 손실을 뺀 차액을 의미한다.

② 여비교통비는 직접비이다.

④ 상품 판매업체와 제조업체의 매출원가는 다음과 같이 산출한다.

- 매출원가(판매업) = 기초상품 재고액 + 당기상품 매입액 − 기말상품 재고액
- 매출원가(제조업) = 기초제품 재고액 + 당기제품 제조원가 − 기말제품 재고액

40 ②

② "유럽에서의 한방 원료 등을 이용한 'Korean Therapy' 관심 증가"라는 기회를 이용하여 "아시아 외 시장에서의 존재감 미약"이라는 약점을 보완하는 WO전략에 해당한다.

41 ④

직원 경조사비에 대한 결재는 본부장에 받는다고 했으므로 펀드회계팀은 회계본부장에게, 회계지원팀은 ICT본부장에게 받는다.

① 비서실은 소속 부서 없이 사장에게 직접 보고 한다.
② 인사팀은 부사장 산하의 경영지원본부에 소속되어 있다.
③ 사장과 직접 업무라인이 연결되어 있는 조직원은 비서실장, 감사실장, 미래전략실장, 부사장이다.

42 ④

매트릭스 조직에서는 서로 다른 기능부서에 속해 있는 전문 인력들이 프로젝트 관리자가 이끄는 프로젝트에서 함께 일한다. 매트릭스 조직에 속한 개인은 두 명의 상급자(기능부서 관리자, 프로젝트 관리자)로부터 지시를 받으며 보고를 하게 된다. 이것은 기존의 전통적 조직구조에 적용되는 명령통일의 원칙이 깨진 것으로서 매트릭스 조직의 가장 큰 특징이다.

43 ④

회의실을 빌리기 위해서는 회의실 및 사무 공간 관리를 담당하고 있는 총무팀의 협조가 필요하다. 휴가는 복리후생제도에 해당하므로 그 지원 업무를 담당하고 있는 인사팀의 협조가 필요하다. 경영실적 자료를 입수하는 것은 회계팀에 요청하거나 회계팀의 확인 작업을 거쳐야 공식적인 자료로 간주될 수 있을 것이다. 외환업무 관련 교육은 외환팀에서 주관할 것이다.

44 ④

인력수급계획 및 관리, 교육체계 수립 및 관리는 인사부에서 담당하는 업무의 일부이다.

45 ②

㉠ 사장직속으로는 3개 본부, 2개 실로 구성되어 있다.
㉡ 해외부사장은 2개의 본부를 이끌고 있다.
㉣ 노무처는 관리본부에, 재무처는 기획본부에 소속되어 있다.

46 ①

㈎ 위계를 강조하는 조직문화 하에서는 조직 내부의 안정적이고 지속적인 통합, 조정을 바탕으로 일사불란한 조직 운영의 효율성을 추구하게 되는 특징이 있다. 조직원 개개인의 능력과 개성을 존중하는 모습은 혁신과 관계를 지향하는 조직문화에서 찾아볼 수 있는 특징이다.

47 ②

일반적인 경우, 팀장과 팀원의 동반 출장 시의 출장보고서는 팀원이 작성하여 담당→팀장의 결재 절차를 거치게 된다. 따라서 제시된 출장보고서는 박 사원 단독 출장의 경우로 볼 수도 있고 박 사원과 강 팀장의 동반 출장의 경우로 볼 수도 있으므로 반드시 출장자에 강 팀장이 포함되어 있지 않다고 말할 수는 없다.

48 ①

비용이 집행되기 위해서는 비용을 쓰게 될 조직의 내부 결재를 거쳐 회사의 비용이 실제로 집행될 수 있는 회계팀(자금팀 등 비용 담당 조직)의 결재를 거쳐야 할 것이다. 퇴직금의 정산과 관련한 인사 문제는 인사팀에서 담당하고 있는 업무가 된다. 또한, 회사의 차량을 사용하기 위한 배차 관련 업무는 일반적으로 총무팀이나 업무지원팀, 관리팀 등의 조직에서 담당하는 업무이다. 따라서 회계팀, 인사팀, 총무팀의 순으로 업무 협조를 구해야 한다.

49 ④

도덕적 몰입은 비영리적 조직에서 찾아볼 수 있는 조직몰입 형태로 도덕적이며 규범적 동기에서 조직에 참가하는 것으로 조직몰입의 강도가 제일 높으며 가장 긍정적 조직으로의 지향을 나타낸다. 계산적 몰입은 조직과 구성원 간의 관계가 타산적이고 합리적일 때의 유형으로 몰입의 정도는 중간 정도를 보이게 되며, 몰입 방향은 긍정적 혹은 부정적 방향으로 나타날 수 있다. 이러한 몰입은 공적인 조직에서 찾아볼 수 있으며 단순한 참여와 근속만을 의미한다. 소외적 몰입은 주로 교도소, 포로수용소 등 착취적인 관계에서 볼 수 있는 것으로 조직과 구성원간의 관계가 부정적 상태인 몰입이다.

50 ③

③ 차상위자가 전결권자가 되어야 하므로 이사장의 차상위자인 이사가 전결권자가 되어야 한다.

51 ④

직원들이 항상 불법이나 과실을 직속상관과 편하게 논의할 수 있는 것은 아니며 때로는 직속상관이 문제의 몸통일 수도 있다. 직원들이 내부자와의 대화를 불편하게 생각할 수 있기 때문에 다양한 내부의 제보라인 외에도 외부의 공익 제보단체들과 핫라인을 구축하여 효과적인 고발이 이루어지도록 시스템을 갖추어야 한다.

52 ②

기업의 내부고발에 대한 문제이다. 내부고발자는 자신의 업무에서 알게 된 조직 내 불법 행위나 위험한 활동에 우려를 제기하는 사람이다. 따라서 내부고발과 개인적인 불평불만은 구분돼야 하며 이 둘은 별도의 보고체계를 갖는 것이 중요하다. 일반적인 고충신고라인은 복리후생을 담당하는 인사부와 연결되며, 내부고발의 문제는 이보다 훨씬 중요한 사안이므로 근본적이고 독립적인 내부고발 시스템으로 다루어져야 할 문제이다.

53 ②

최근 사회적 문제로 대두되고 있는 갑질 문제의 근원을 설명하고 있는 글이다. 갑질은 계약 권리에 있어 쌍방을 의미하는 갑을(甲乙) 관계에서 상대적으로 우위에 있는 '갑'이 우월한 신분, 지위, 직급, 위치 등을 이용하여 상대방에 오만무례하게 행동하거나 이래라 저래라 하며 제멋대로 구는 행동을 말한다. 갑질의 범위에는 육체적, 정신적 폭력, 언어폭력, 괴롭히는 환경 조장 등이 해당된다.

54 ①

제시된 내용 이외에도 채용비리 근절을 위하여 취할 수 있는 방법으로, 수사결과 등으로 밝혀진 부정합격자에 대해서는 채용취소 근거규정을 마련하고 응시자격을 제한하는 조치도 고려할 수 있다. 또한 채용 과정의 투명성을 확보하고 내부 점검을 보다 강화하기 위하여 외부 시험위원을 과반수 이상 구성토록 명시하는 것도 좋은 방법이 될 수 있다. 이 밖에도 이해당사자 구체화, 블라인드 방식 강화, 채용관련 문서 영구 보존 의무화 등을 통해 채용비리 근절을 앞당길 수 있을 것이다.

55 ④

본인의 의사에 반하는 어떠한 인사상의 조치도 취하면 안 된다고 규정하고 있다. 따라서 피해 당사자라 하더라도 직무에서 배제할 수 없으며, 오히려 치료지원 등을 위한 업무상 공백을 인정해야 주어야 한다.

56 ①

주어진 글은 '고객접점서비스'에 관한 내용이다. 고객접점서비스란 고객과 서비스 요원 사이의 15초 동안의 짧은 순간에서 이루어지는 서비스로서 이 순간은 진실의 순간(MOT : moment of truth) 또는 결정적 순간이다. 이 15초 동안에 고객접점에 있는 최일선 서비스 요원이 책임과 권한을 가지고 우리 회사를 선택한 것이 가장 좋은 선택이었다는 사실을 고객에게 입증시켜야 한다는 것이다. 즉 "결정의 순간"이란 고객이 기업조직의 어떤 한 측면과 접촉하는 사건이며, 그 서비스의 품질에 관하여 무언가 인상을 얻을 수 있는 사건이다. 따라서 고객접점서비스 차원에서 볼 때, 고객에게 짧은 시간에 결정적이고 좋은 인상을 심어주려는 행위는 바람직한 행위인 것이다.

57 ④

브랜드 이미지를 관리하기 위한 조치로 적절한 것은 사실이지만, 제공된 자료에 의하면 브랜드 이미지에 대한 오해를 해소하거나 홍보를 위한 행동이 필요한 것이 아니라, 신뢰를 저버린 것이 크게 문제가 된다는 점을 알 수 있다.

① 기업은 투자자에게 투명한 정보를 제공하고, 투자자의 이윤 성취에 힘써야 할 의무가 있다. 따라서 투자자를 설득시킬 수 있는 경영 방침을 시행하는 것이 중요하다.
② 주어진 글을 통해 확인할 수 있는 내용이다.
③ 정보 통신의 발달이 공정성의 강조를 촉진시키고 있다는 내용뿐만 아니라, 주어진 글을 통해 주가가 폭락하는 등의 모습이 보여 성과와의 연관성을 설명하고 있다.

58 ②

고객과의 대화 내용을 녹취하는 것은 고객에 대한 예절의 차원이 아닌 A기관의 업무수행을 위한 행위이다. 고객의 의견을 명확히 이해하기 위해서는 "~다는 말씀이시지요?" 또는 "~라고 이해하면 되겠습니까?" 등의 발언을 통하여 고객이 말하는 중요 부분을 반복하여 확인하는 것이 효과적인 방법이라고 할 수 있다.

59 ②

'원활한 직무수행 또는 사교 · 의례의 목적으로 제공될 경우에 한하여 제공되는 3만 원 이하의 음식물 · 편의 또는 5만 원 이하의 소액의 선물'이라고 명시되어 있으며, 부정한 이익을 목적으로 하는 경우는 3만 원 이하의 금액에 대해서도 처벌이 가능하다고 해석될 수 있다.

① 사적 거래로 인한 채무의 이행 등에 의하여 제공되는 금품은 '금품 등을 받는 행위의 제한' 사항의 예외로 규정되어 있다.

③ 공개적인 경우 문제의 소지가 현저히 줄어든다고 볼 수 있다.

④ 상조회로부터의 금품에 대한 한도액과 관련한 규정은 제시되어 있지 않다.

60 ④

책임감에 관한 내용이다. 직무수행 중 일어난 과실에 대해서는 법적인 책임만 부담한다는 식의 가치관보다는 무한책임감을 갖고 나는 잘못을 저질렀을 때에도, 끝까지 책임지려고 하는 책임감이 중요하다는 가치관을 가져야 한다.

직무를 수행하면서 책임은 법적인 책임만 있는 것이 아니라, 사규에 의한 책임, 도의적 책임, 개인양심에 대한 책임 등 여러 가지가 있다. 법적 책임 한 가지만 한정되어 책임감을 정의한다는 것은 직업인으로서의 윤리에 어긋난다.

종합직무지식평가

1 ②

호환성은 사용하던 컴퓨터를 교체하였으나 모델이 다른 새로운 컴퓨터에서도 프로그램을 그대로 사용할 수 있는 특성이다.

2 ④

업무성질에 따라 소프트웨어가 달라질 뿐 동일한 하드웨어의 성능에 차이가 없다.

3 ④

컴퓨터의 용도에 따른 분류는 범용 컴퓨터와 특수용도 컴퓨터가 있다.

4 ④

④ 아날로그 컴퓨터는 별도의 프로그래밍이 필요없다.

※ **아날로그 컴퓨터** … 프로그램이 거의 무의미하기 때문에 다목적으로의 사용이 불편하며, 입 · 출력이 숫자가 아닌 연속적인 곡선이나 그래프로 나타나므로 읽기에 불편하다. 자료의 발생시점에서 고속으로 자료를 모으거나 즉시 그 결과를 얻을 수 있으므로 공장의 제어공정 등에 이용된다. 저장기능은 없다.

5 ④

디지털 컴퓨터는 범용성이다.

6 ⑤

㉠ **입력장치** : 카드판독장치(Card Reader), OCR, OMR, MICR, Key Entry System

㉡ **출력장치** : 카드천공장치(Card Punch), 고속인쇄장치, 음성응답장치, COM System

㉢ **입 · 출력장치** : 콘솔, 영상표시장치(CRT), 입 · 출력 타이프라이터

7 ④

콘솔(Consle, 조작반)··· 전자계산기의 시동, 정지, 동작상태 감시, 정보처리내용과 방법의 변경, 수정의 경우 등과 같이 사용자가 직접 여러가지 명령을 할 수 있도록 만들어진 장치이다.

8 ③

카드만 보고도 내용을 알 수 있는 것은 장점이다.

9 ②

OMR는 Mark가 된 위치로서 판독된다.

10 ⑤

자기잉크문자판독기(MICR)는 자기앞수표 하단에 있는 특수문자를 해독하여 컴퓨터에 입력시킬 수 있는 입력장치이다.

11 ①

10진수 28.625를 2진수로 변환하면 28은 2로 나누어 떨어질 때까지 계산을 하고 0.625는 2로 곱하여 계산한다.

12 ⑤

$6402_8 = (6 \times 8^3) + (4 \times 8^2) + (0 \times 8^1) + (2 \times 8^0)$

$= 3072 + 256 + 0 + 2 = 3330$

13 ④

$\log_2 32 = \log_2 2^5 = 5$, 그러므로 5Bit 필요하다.

14 ③

1의 보수=111111 − 101101 = 010010, 즉 (0→1), (1→0)으로 바꾼 것과 같다.

2의 보수=1의 보수 + 1 = 010011

15 ④

보수는 뺄셈에서 감수를 음의 수로 나타내어 가산기로 계산하기 위한 것이다.

16 ③

논리회로의 전압범위는 일반적으로 5[V]와 0[V]를 사용하는데, 높은 전압 5[V]의 경우를 논리 '1'로 낮은 전압 0[V]를 논리 '0'으로 하는 경우를 양논리라 한다.

17 ③

드모르간의 정리··· 논리대수성질의 하나로서, 이것을 이용하면 어떠한 논리회로도 NAND와 NOR를 사용하여 간단히 나타낼 수 있다.

$\overline{A \cdot B} = \overline{A} + \overline{B}$, $\overline{A + B} = \overline{A} \cdot \overline{B}$

18 ②

$A + \overline{A}$는 항상 1이다.

A=1→1+0=1, A=0→0+1=1

19 ①

AND게이트는 두 개의 값이 1일 때 결과가 1이 나온다.

20 ⑤

$A \cdot B + A \cdot C + A \cdot B' \cdot C'$

$= A \cdot B \cdot (C + C') + A \cdot C \cdot (B + B') + A \cdot B' \cdot C'$

$= A \cdot B \cdot C + A \cdot B \cdot C' + A \cdot B \cdot C + A \cdot B' \cdot C + A \cdot B' \cdot C'$

$= A \cdot (B \cdot C + B \cdot C' + B' \cdot C + B' \cdot C')$

$= A \cdot (B + B') \cdot (C + C') = A$

21 ③

데이터베이스(Data Base)··· 상호연관된 데이터의 집합으로, 어느 특정 조직의 응용시스템들이 공동으로 사용하기 위하여 컴퓨터가 접근할 수 있는 매체를 통합 저장한 운영Data의 집합을 데이터베이스라 한다.

22 ①

데이터베이스란 어느 한 조직의 여러 응용시스템들이 공용할 수 있도록 통합, 저장된 운영 데이터의 집합이라고 정의 할 수 있다.

23 ④

데이터베이스는 여러 사용자들이 공동으로 데이터를 사용한다.

24 ④

Relational Model(관계모델)

㉠ 데이터의 구조를 관계식을 이용하여 모델화한 것, n항목의 데이터의 모임은 n난으로 구성되는 표와 같은 n항 관계로써 표현된다.

㉡ 데이터베이스 구성의 한 방법으로 모든 데이터는 2차원의 테이블로 나타내고 관계대수와 관계계산에 의해 데이터 간에 정보가 연결되는 것, 이는 수학적 이론에 근거를 두고 있기 때문에, 데이터에 키필드나 포인터를 나타내는 필드가 필요없다. DBMS에서는 시스템R, SQL/DS, ORACLE 등이 있다.

25 ⑤

네트워크구조는 구조가 복잡해지기 쉽고, 수정이 어렵고, 오류발생 시 재구성이 어렵기 때문에 확장가능성이 없고, 새로운 특성이 첨가될 가능성이 없을 때 사용하는 것이 좋다.

26 ②

기억매체들 간의 데이터 전송을 수행하는 것이 사용자유틸리티프로그램이고 시스템 운영상의 보조기능을 수행하는 것이 시스템유틸리티프로그램이다.

27 ④

기계어는 저급수준의 언어로서 사용자가 이해하고 사용하기에는 불편하나 컴퓨터가 처리하기에는 용이한 언어이다.

28 ②

Assembly Language(어셈블리어) … 2진수로 표현된 기계어를 기억하거나 사용하기 편리하게 하기 위하여 명령어의 연산자와 주소부분을 기호화한 언어로서 일명 상징어 또는 연상코드라고도 한다.

29 ⑤

BASIC(베이식)은 과학기술계산용 언어로서 Computer에 대한 전문적인 지식이 전혀 없어도 배울 수 있고, 간편하게 사용할 수 있는 Interpreter언어인 대화형 언어이다.

30 ②

UNIX(유닉스) … 본래는 미국의 벨연구소에서 개발한 미니컴퓨터용 운영체제로서 C언어로 작성되어 다양한 컴퓨터에서 운영체제로 사용되고 있다.

31 ②

OS(운영체제) … 사용자가 컴퓨터를 보다 더 편리하고 효율적으로 운영하기 위한 제어프로그램과 처리프로그램

32 ③

운영체제는 컴퓨터와 사용자사이의 중계역할을 하는 시스템 소프트웨어이다.

33 ⑤

⑤ Turn-Around Time : 작업이 제시된 시점에서부터 종료될 때까지의 시간 간격을 말한다.

※ Access Time과 Idle Time

㉠ Access Time : 명령어나 Data를 메모리에 기억시키든가 읽어내는 신호가 나오고 나서 그것이 실행되기까지의 시간

㉡ Idle Time : 중앙처리장치가 하나의 작업을 끝내고 다음 작업을 받을 때까지 기다리는 대기시간

34 ④

운영체제는 시스템의 이용도를 향상시키거나 응답시간을 단축시킬 수 있다.

35 ⑤

Supervisor(감시프로그램) … 처리프로그램이 실행과정과 시스템 전체의 내용을 감시, 감독하는 프로그램

36 ②

워드프로세싱이란 문서의 작성, 편집, 저장, 검색, 관리, 출력 등을 컴퓨터가 수행하는 것을 의미한다.

37 ③

제3세대는 집적회로를 주요 소자로 사용하며 OMR, OCR, MICR 및 시분할 처리방식과 경영정보시스템을 사용한 것이 특징이다.

38 ②

POS(Point Of Sale : 판매점) … 고객과 거래가 일어나는 장소에서 즉시 컴퓨터시스템에 데이터를 입력하여 판매의 사무처리 및 재고, 시장조사 등을 관리할 수 있다. 잡화판매 시스템, 슈퍼마켓지향 시스템, 식료품 시스템 등으로 분류할 수 있다.

39 ①

② CAD : Computer Aided Design

③ COM : Computer Output-to Microfilm

④ CAI : Computer Aided Instruction

⑤ MIS : Management Information System

40 ①

시뮬레이션은 시행착오적 문제해결에 도움을 주는 기법이다.

41 ④

인증(Authentication) … 임의 정보에 접근할 수 있는 주체의 능력이나 주체의 자격을 검증하는 데 사용하는 수단이며, 시스템의 부당한 사용이나 정보의 부당한 전송 등을 방어하는 것을 목적으로 한다.

42 ④

정보보안의 필요성 … 온라인 공간 활동이 증가함으로써 온라인 공간 특성인 원격, 자동실행 등의 특징으로 인해 더욱더 정보보호의 필요성이 중시되고 있다.

43 ①

정보보안의 3대 기본 목표

㉠ 무결성 : 정밀성, 정확성, 완전성, 유효성의 의미로 사용

㉡ 가용성 : "컴퓨터 시스템 등이 이용자의 입장에서 보아 어느 정도 사용할 수 있는 가" 하는 것을 표시하는 것

㉢ 비밀성 : 정당한, 즉 합법적인 사용자가 아닌 사용자들은 컴퓨터 시스템상의 데이터 또는 컴퓨터 시스템 간에 통신회선을 통하여 교환, 전송되는 데이터의 내용을 볼 수 없게 하는 기능이다.

44 ①

정보보안의 정의 … 정보보안이란 사전적의미로 인가받지 않은 노출, 전송, 수정, 파괴로부터 정보를 보호하는 것이다.

45 ①

캡차(CAPTCHA) … 로봇프로그램과 사람을 구분하는 방법의 하나로 사람이 인식할 수 있는 문자나 그림을 활용하여 자동회원 가입 및 게시글 포스팅을 방지하는데 사용하는 방법이다.

46 ④

정보보호 관리과정 수행 절차

㉠ **정보보호 정책수립** : 정보보호정책의 수립 및 조직, 책임의 설정

㉡ **관리체계 범위설정** : 정보보호 관리체계 범위설정 및 정보자산의 식별

㉢ **위험관리** : 위험관리 전략 및 계획 수립, 위험분석, 위험평가, 정보보호대책 선택 및 계획 수립

㉣ **구현** : 정보보호 대책의 효과적 구현, 정보보호 교육 및 훈련

㉤ **사후관리** : 정보보호 관리체계의 재검토 및 모니터링 개선, 내부감사

47 ③

급여의 종류〈「국민연금법」 제49조〉

1. 노령연금
2. 장애연금
3. 유족연금
4. 반환일시금

48 ③

③ 이 법은 고령이나 노인성 질병 등의 사유로 일상생활을 혼자서 수행하기 어려운 노인등에게 제공하는 신체활동 또는 가사활동 지원 등의 장기요양급여에 관한 사항을 규정하여 노후의 건강증진 및 생활안정을 도모하고 그 가족의 부담을 덜어줌으로써 국민의 삶의 질을 향상하도록 함을 목적으로 한다〈법 제1조〉.

① 장기요양급여는 노인 등이 가족과 함께 생활하면서 가정에서 장기요양을 받는 재가급여를 우선적으로 제공하여야 한다〈법 제3조 제3항〉.

② 장기요양인정 및 장기요양등급 판정 등을 심의하기 위하여 공단에 장기요양등급판정위원회를 둔다〈제52조 제1항〉. 등급판정기준은 장기요양 1~5등급과 장기요양 인지지원등급으로 나뉜다〈시행령 제7조〉.

④ 장기요양사업의 관리운영기관은 국민건강보험공단으로 한다〈법 제48조 제1항〉.

⑤ 장기요양보험료는 국민건강보험법에 따른 보험료(건강보험료)와 통합하여 징수한다〈법 제8조 제2항〉.

49 ②

② 주택연금은 주택소유자 또는 배우자가 만 55세 이상이며 주택소유자 또는 배우자가 대한민국 국민일 경우 가입가능하다.

50 ②

사회보장기본법 제3조 제3호에 의하면, "공공부조라 함은 국가 및 지방자치단체의 책임하에 생활유지 능력이 없거나 생활이 어려운 국민의 최저생활을 보장하고 자립을 지원하는 제도를 의미한다."라고 정의한다. 현재 공공부조와 관련해서는 '국민기초생활보장제도'가 실시되고 있다.

제 2 회 정답 및 해설

직업기초능력평가

1 ③

① 특별중도해지 서비스는 계약기간 1/2 이상 경과한 후 여행비용을 필요로 중도해지 하는 경우에만 당초 약정 이율 적용된다.

② △△은행 급여통장 가입고객이면 적금 인터넷 신규 시 0.1%p를 받을 수 있다.

④ 가입기간이 12개월인 사람은 1.4%, 24개월인 사람은 1.45%의 금리가 적용된다.

2 ①

주어진 지문에서의 '주관'은 主管으로 어떤 일을 책임을 지고 맡아 관리함을 뜻한다. 主觀은 자기만의 견해나 관점을 뜻하는 단어이다.

3 ②

② '눈을 감고'는 눈꺼풀을 내려 눈동자를 덮는 것을 의미한다. 단어의 본래의 의미가 사용되었으므로 관용적 표현이 아니다.

4 ③

선발인원, 활동 내역, 혜택사항 등은 인원을 모집하려는 글에 반드시 포함되어야 할 사항이라고 볼 수 있으며, 문의처를 함께 기재하는 것이 모집 공고문 작성의 일반적인 원칙이다. 활동비 지급 내역 등과 같은 세부 사항은 '응모'와 관련된 직접적인 사항이 아니므로 공고문에 반드시 포함될 필요는 없다고 보아야 한다.

5 ④

④ 국제노동기구에서는 사회보장의 구성요소로 전체 국민을 대상으로 해야 하고, 최저생활이 보장되어야 하며 모든 위험과 사고가 보호되어야 할뿐만 아니라 <u>공공의 기관을 통해서 보호나 보장이 이루어져야 한</u>다고 하였다.

6 ③

③ **파급(波及)** : 어떤 일의 여파나 영향이 차차 다른 데로 미침.

① **통용(通用)** : 일반적으로 두루 씀. 또는 서로 넘나들어 두루 씀.

② **책정(策定)** : 계획이나 방책을 세워 결정함.

④ **양육(養育)** : 아이를 보살펴서 자라게 함.

7 ③

'찬성 2'는 두 번째 입론에서 자신이 경험한 사례를 근거로 한식의 세계화를 위해 한식의 표준화가 필요하다는 주장을 하고 있다. 이 주장에 앞서 여러 대안들을 검토한 바 없으므로, 여러 대안들 중 한식의 표준화가 최선의 선택이라는 점을 부각하고 있다는 것은 적절하지 않다.

8 ②

「메모

전 직원들에게

Robert Burns로부터

직원회의에 관하여

월요일에 있을 회의 안건에 대하여 모두에게 알리고자 합니다. 회의는 브리핑과 브레인스토밍 섹션으로 구성될 예정입니다. 회의에서 제안할 사무실 재편성에 관한 아이디어를 준비하여 오시기 바랍니다. 회의는 긍정적인 분위기를 유지하기를 원한다는 점을 기억하시기 바랍니다. 우리는 회의에서 여러분이 제안한 그 어떤 아이디어에도 전혀 비판을 하지 않을 것입니다. 모든 직원들이 회의에 참석할 것을 기대합니다.」

9 ③

③ 고급문화와 대중문화의 경계가 무너지고 장르 간 구분이 모호해지면서 서로 다른 문화가 뒤섞여 새로운 문화가 생겨나고 있다고 언급하고 있다.

10 ③

'뿐만 아니라'의 쓰임으로 볼 때 이 글의 앞부분에는 문화와 경제의 영역이 무너지고 있다는 내용이 언급되어야 한다. 따라서 ㈏ 뒤에 이어지는 것이 적절하다.

11 ②

② C와 E는 4회차까지 4장, 5장의 카드를 확보했다. C가 5회차에 2장의 카드를 추가하게 되면 6장으로 4회차의 E보다는 카드가 많지만 E가 5회차에 80점 이상의 점수를 획득할 경우 E의 카드는 6장 이상이 되므로 C가 E보다 추천될 확률이 높다고 할 수 없다.

① 5회차에서 B만 100점을 받는다고 했으므로 D가 90점을 받더라도 B가 추천될 확률이 더 높다.

③ D는 5회차 점수와 상관없이 총점이 400점을 넘지 못하여 추첨함에 카드를 넣을 수 없다.

④ 5회차에 모두 같은 점수를 받는다면 전원이 추가되는 카드 수가 같으므로 4회차까지 획득한 카드의 수가 가장 많은 A가 추천될 확률이 가장 높다.

12 ①

자영업자와 작가와 A는 등산동호회 멤버이다. →A는 작가, 자영업자는 아니다.

B와 C와 피아니스트는 죽마고우이다. →A는 피아니스트이다.

피아니스트는 변호사로부터 법률적인 자문을 받았다. →A는 변호사는 아니다. A는 변호사, 작가, 자영업자는 아니다.

펀드매니저는 피아니스트의 누이와 결혼을 약속하였다. →A는 펀드매니저도 아니다. 그럼 남은 것은 교수 밖에 없다.

13 ③

방송광고와 방송연설로 구분하여 계산해 볼 수 있다.

구분		최대 시간
방송광고		15회 × 1분 × 2매체 = 30분
방송연설	비례대표	대표 2인 × 10분 × 2매체 = 40분
	지역구	후보자 100명 × 10분 × 2매체 × 2회 = 4,000분

따라서 甲정당과 그 소속 후보자들이 최대로 실시할 수 있는 선거방송 시간의 총합은 4,070분이다.

14 ①

인과관계를 나열하면 성적 하락은 업무 숙련도가 떨어지기 때문이고, 이는 코칭이 부족하기 때문이며, 이는 팀장이 너무 바쁘기 때문이고 결국 팀에 할당되는 많은 업무를 팀장이 대부분 직접 하려고 하기 때문이다.

15 ③

각 프로젝트의 연도별 소요 예산을 정리하면 다음과 같다.

				1	2	3	4	5
A	1	4						
B	15	18	21					
C	15							
D	15	8						
E	6	12	24					
				20	24	28	35	40

B, E 프로젝트의 기간은 3년이므로 가장 길다. 그러므로 가용 예산을 초과하지 않도록 하기 위해서는 3년 차에 시작하여야 한다. B 프로젝트는 1년 또는 2년 차에 시작할 수 있으나 E 프로젝트의 예산을 따져보면 2년 차에 시작하여야 한다.

				1	2	3	4	5
A	1	4			1	4		
B	15	18	21		15	18	21	
C	15							15
D	15	8		15	8			
E	6	12	24			6	12	24
				20	24	28	35	40

16 ①

㉠ 2세대 가구에는 핵가족과 확대가족 모두 있기 때문에 알 수 없다. (×)

㉡ 가구 당 가구원 수를 모르기 때문에 총 인구수를 알 수 없다. (×)

㉢ 1인 가구는 1명이기 때문에 A지역의 1인 가구 총 인구수는 3,000명, B지역의 1인 가구 총 인구수는 3,500명으로 A지역이 더 적다. (○)

㉣ A지역은 4,000÷10,000, B지역은 4,000÷8,000으로 B지역이 더 높다. (○)

17 ④

기획안의 작성도 중요하나 발표시 문서의 내용을 효과적으로 전달하는 것이 무엇보다 중요하다. 문서만 보면 내용을 이해하기 어렵고 의도한 내용을 바로 파악할 수 없기 때문에 간결하고 시각적인 문서작성이 중요하다.

18 ③

명칭 파일링 시스템(Alphabetic Filing System) … 문서 등을 알파벳순이나 자모순으로 배열한 것으로 가이드 배열이 단순 · 간편하고 유지비용이 저렴하며 직접검색이 용이하다. 하지만 보안의 위험이 크고 배열오류가 발생하기 쉽다.

19 ④

지역가입자 중 공적소득이 많은 것으로 인정되는 자는 생업 목적에 해당하는 근로를 제공한다고 보지 않으므로 근로자에서 제외된다.

① 건설일용근로자는 1개월간 근로일수가 20일 이상인 경우에 사업장 가입자 신고대상이 된다.
② '소득 있는 업무 종사자'가 되므로 조기노령연금 수급권자인 경우에는 다시 사업장 가입자로 신고할 수 있다.
③ 대학 시간강사의 경우 월 60시간 미만인 자로서 생업목적으로 3개월 이상 근로를 제공하기로 한 경우에 신고대상에 해당된다.

20 ②

대학 시간강사의 경우, 1개월의 근로시간이 50시간(60시간 미만)이더라도 생업을 목적으로 3개월 이상의 근로를 제공하게 되면, '근로자에서 제외되는 자'의 조건에서 제외되므로 근로자가 되어 사업장 가입자 자격취득 신고대상이 된다.

① 2016년에 시행된 규정에 의해 둘 이상 사업장에 근로를 제공하면서 각 사업장의 1개월 소정근로시간의 합이 60시간 이상인 사람으로서 1개월 소정근로시간이 60시간 미만인 사업장에서 근로자로 적용되기를 희망하는 자는 근로자에서 제외되므로 신고대상에서 제외된다.
③ 일용근로자 또는 1개월 미만의 기한을 정하여 사용되는 근로자에 해당되므로 '근로자'의 개념에서 제외되어 신고대상에서 제외된다.
④ 소득이 발생하지 않는 법인의 이사이므로 근로자에서 제외되어 신고대상에서 제외된다.

21 ④

'@'는 표시 위치를 지정하여 특정 문자열을 연결하여 함께 표시하는 기능을 한다. 따라서 '주택담보대출'이라는 결과 데이터를 얻기 위해서는 원본 데이터에 '주택담보', 서식에 '@대출'을 입력하여야 한다.

22 ④

'COUNT' 함수는 인수 목록에서 숫자가 들어 있는 셀의 개수를 구할 때 사용되는 함수이며, 인수 목록에서 공백이 아닌 셀과 값의 개수를 구할 때 사용되는 함수는 'COUNTA' 함수이다.

23 ③

적시성과 독점성은 정보의 핵심적인 특성이다. 따라서 정보는 우리가 원하는 시간에 제공되어야 하며, 원하는 시간에 제공되지 못하는 정보는 정보로서의 가치가 없어지게 될 것이다. 또한 정보는 아무리 중요한 내용이라도 공개가 되고 나면 그 가치가 급격하게 떨어지는 것이 보통이다. 따라서 정보는 공개 정보보다는 반공개 정보가, 반공개 정보보다는 비공개 정보가 더 큰 가치를 가질 수 있다. 그러나 비공개 정보는 정보의 활용이라는 면에서 경제성이 떨어지고, 공개 정보는 경쟁성이 떨어지게 된다. 따라서 정보는 공개 정보와 비공개 정보를 적절히 구성함으로써 경제성과 경쟁성을 동시에 추구해야 한다.

24 ①

① 이모티콘은 경우에 따라서 완곡하고 애교 섞인 표현의 역할을 할 수도 있으므로 무조건 예의에 어긋나는 행위로 볼 수는 없다.
② 다수의 대화자들에 대한 기본 예의이다.

③ 같은 내용의 글을 재차 확인해야 하는 독자들의 입장을 고려해야 한다.

④ 용량이 큰 여러 개의 파일을 아무렇게나 올리는 것은 자료실 관리 및 사용자의 편의 측면에서도 바람직한 행위로 볼 수 없다.

25 ①

사용자가 컴퓨터를 좀 더 쉽게 사용할 수 있도록 도와주는 소프트웨어(프로그램)를 '유틸리티 프로그램'이라고 하고 통상 줄여서 '유틸리티'라고 한다. 유틸리티 프로그램은 본격적인 응용 소프트웨어라고 하기에는 크기가 작고 기능이 단순하다는 특징을 가지고 있으며, 사용자가 컴퓨터를 사용하면서 처리하게 되는 여러 가지 작업을 의미한다.

① 고객 관리 프로그램, 자원관리 프로그램 등은 대표적인 응용 소프트웨어에 속한다.

26 ③

㉢ 그림판에서는 정원 또는 정사각형을 그리기를 지원한다. 정원이나 정사각형을 그리려면 타원이나 직사각형을 선택한 후에 'shift' 키를 누른 상태로 그리기를 하면 된다.

27 ④

④ 상용 소프트웨어는 정해진 금액을 지불하고 정식으로 사용하는 프로그램이다. 한편, 사용 기간의 제한 없이 무료 사용과 배포가 가능한 프로그램은 공개 소프트웨어라고 한다.

28 ①

데이터의 구성단위는 큰 단위부터 Database → File → Record → Field → Word → Byte(8Bit) → Nibble(4Bit) → Bit의 순이다. Bit는 자료를 나타내는 최소의 단위이며, Byte는 문자 표현의 최소 단위로 1Byte = 8Bit이다.

29 ③

③ 리피터(Repeater)는 장거리 전송을 위하여 전송 신호를 재생시키거나 출력 전압을 높여주는 장치를 말하며 디지털 데이터의 감쇠 현상을 방지하기 위해 사용된다. 네트워크 계층의 연동 장치로서 최적 경로 설정에 이용되는 장치는 라우터(Router)이다.

30 ①

RANK 함수는 지정 범위에서 인수의 순위를 구할 때 사용하는 함수이다. 결정 방법은 수식의 맨 뒤에 0 또는 생략할 경우 내림차순, 0 이외의 값은 오름차순으로 표시하게 되며, 결과값에 해당하는 필드의 범위를 지정할 때에는 셀 번호에 '$'를 앞뒤로 붙인다.

31 ④

고려무역까지 35분이 소요되며 이것이 홍익협회까지 가는 시간의 30%가 덜 걸리는 것이므로 홍익협회까지 가는 시간은 35÷0.7=50분이 된다. 또한 대한상사까지 가는 시간은 한국은행보다는 더 걸리고 고려무역보다는 덜 걸린다고 했으므로 김 과장의 사무실로부터 가까운 순서는 '한국은행-대한상사-고려무역-홍익협회'가 된다.

따라서 한국은행까지 가는 시간은 적어도 25분보다 적어야 하며, 이 거리에 소요되는 시간과 '사무실~대한상사'의 시간의 합이 50분이어야 하므로 대한상사까지 가는 시간은 25분보다 크면서 고려무역까지 가는 시간인 35분보다는 적어야 한다.

그러므로 대한상사까지는 26분~34분, 한국은행까지는 24분~16분 사이가 되어야 한다. 따라서 '35분과 15분'이 정답이 된다.

32 ④

A사를 먼저 방문하고 중간에 회사로 한 번 돌아와야 하며, 거래처에서 바로 퇴근하는 경우의 수와 그에 따른 이동 거리는 다음과 같다.

- 회사 − A − 회사 − C − B : 20 + 20 + 14 + 16 = 70km
- 회사 − A − 회사 − B − C : 20 + 20 + 26 + 16 = 82km
- 회사 − A − C − 회사 − B : 20 + 8 + 14 + 26 = 68km
- 회사 − A − B − 회사 − C : 20 + 12 + 26 + 14 = 72km

따라서 68km가 최단 거리 이동 경로가 된다.

33 ④

최장 거리 이동 경로는 회사 – A – 회사 – B – C이며, 최단 거리 이동 경로는 회사 – A – C – 회사 – B 이므로 각각의 연료비를 계산하면 다음과 같다.

- 최장 거리 : 3,000 + 3,000 + 3,900 + 3,000 = 12,900원
- 최단 거리 : 3,000 + 600 + 2,100 + 3,900 = 9,600원

따라서 두 연료비의 차이는 12,900 – 9,600 = 3,300원이 된다.

34 ④

A프로젝트 : 200만 원 투자, 수익률 9%로 1년 후 18만 원의 수익이 발생한다.

B프로젝트 : 400만 원 투자(그 중 200만 원은 연리 5%로 대출받음. 따라서 10만 원의 비용이 발생한다.)

따라서 B프로젝트를 선택하려면, 적어도 28만 원보다 많은 수익이 발생하여야 한다. 400만 원 중 수익이 28만 원보다 많으려면, 수익률이 적어도 7%보다 높아야 하며 따라서 7.1%가 연간 예상 수익률의 최저 수준이 됨을 알 수 있다.

35 ②

2010년 2월 5일에 이행기가 도래한 채무는 A, B, C, D인데 이율이 높은 B와 D가 먼저 소멸해야 한다. B와 D의 이율이 같으므로 이행기가 먼저 도래한 B가 전부 소멸된다.

36 ①

할인내역을 정리하면

○ A 신용카드
- 교통비 20,000원
- 외식비 2,500원
- 학원수강료 30,000원
- 연회비 15,000원
- 할인합계 37,500원

○ B 신용카드
- 교통비 10,000원
- 온라인 의류구입비 15,000원
- 도서구입비 9,000원
- 할인합계 34,000원

○ C 신용카드
- 교통비 10,000원
- 카페 지출액 5,000원
- 재래시장 식료품 구입비 5,000원
- 영화관람료 4,000원
- 할인합계 24,000원

37 ③

투자계획 A와 B의 차이는 금년 말에는 A만 10억 원의 수익을 내고, 내년 말에는 B가 A보다 11억 원의 수익을 더 낸다는 점이다. 두 투자 계획의 수익성 측면에서 차이가 없으려면 금년 말의 10억 원과 내년 말의 11억 원이 동일한 가치를 가져야 하므로 이자율은 10%이어야 한다.

38 ④

한 달 평균 이동전화 사용 시간을 x라 하면 다음과 같은 공식이 성립한다.

$15,000+180x > 18,000+120x$

$60x > 3,000$

$x > 50$

따라서 이용전화 사용 시간이 50분 이상일 때부터 B 요금제가 유리하다고 할 수 있다.

39 ①

㈎ 총 무역액은 수출과 수입을 합한 금액이 되어야 하므로 2018년이 1,307.7억 달러, 2019년이 1,344.1억 달러가 되어 36.4억 달러가 증가한 것이 된다. (O)

㈏ 2018년이 -177.5억 달러, 2019년이 -206.1억 달러이므로 적자가 28.6억 달러 증가한 것이 된다. (O)

㈐ (569.0－565.1) ÷ 565.1 × 100＝약 0.7%로 1%를 넘지 않는다. (X)

㈑ 수입액 증가분은 775.1－742.6＝32.5억 달러이며, 수출액 증가분은 569.0－565.1＝3.9억 달러로 수입액 증가분이 약 8.3배 더 많은 것을 알 수 있다. (X)

40 ④

㈎, ㈏, ㈑는 조직 차원에서의 인적자원관리의 특징이고, ㈐는 개인 차원에서의 인적자원관리능력의 특징으로 구분할 수 있다. 한편, 조직의 인력배치의 3대 원칙에는 적재적소주의 – ㈑, 능력주의 – ㈎, 균형주의 – ㈏가 있다.

41 ④

이 구조는 사업부조직이다. 사업부조직은 중기업과 대기업에 적합한 구조이며, 기업성장과 제품다각화가 목표이다. 재무적 · 전략적 통제가 강화되며, 자주적 경영활동을 할 수 있는 환경이 조성된다. 그러나 사업부 간의 권한 배분문제, 정보의 왜곡과 과열경쟁, 단기 연구개발 초점, 관리비용증가 등이 단점으로 꼽힌다.

42 ④

임직원 출장비, 여비관련 업무와 조경 및 조경시설물 유지보수 등의 업무는 일반적으로 총무부에서 포괄적으로 담당하거나 재무부와 시설부에서 각각 담당한다. ㉠, ㉢, ㉤ 이외에 인사부의 업무로는 채용, 배치, 승진, 교육, 퇴직 등 인사관리와 인사평가, 급여, 복지후생 관련 업무 등이 있다.

43 ②

- **조직목표** : 조직이 달성하려는 장래의 상태로 조직이 존재하는 정당성과 합법성을 제공한다.
- **조직구조** : 조직 내의 구성원들 사이에 형성된 관계로 조직목표를 달성하기 위한 조직구성원의 상호작용을 보여준다.
- **조직문화** : 조직이 지속되게 되면서 조직구성원들 간에 공유되는 생활양식이나 가치로 조직구성원들의 사고와 행동에 영향을 미치며 일체감과 정체성을 부여하고 조직이 안정적으로 유지되게 한다.
- **조직의 규칙과 규정** : 조직의 목표나 전략에 따라 수립되어 조직구성원들의 활동범위를 제약하고 일관성을 부여하는 기능을 하는 것으로 인사규정, 총무규정, 회계규정 등이 있다.

44 ②

제시된 그림의 조직구조는 기능적 조직구조의 형태를 갖는다. 환경이 안정적이거나 일상적인 기술, 조직의 내부 효율성을 중요시하며 기업의 규모가 작을 때에는 업무의 내용이 유사하고 관련성이 있는 것들을 결합해서 제시된 그림과 같이 '기능적 조직구조' 형태를 이룬다. 또한, 급변하는 환경변화에 효과적으로 대응하고 제품, 지역, 고객별 차이에 신속하게 적응하기 위해 분권화된 의사결정이 가능한 '사업별 조직구조' 형태를 이룰 필요가 있다. 사업별 조직구조는 개별 제품, 서비스, 제품그룹, 주요 프로젝트나 프로그램 등에 따라 조직화되며 제품에 따라 조직이 구성되고 각 사업별 구조 아래 생산, 판매, 회계 등의 역할이 이루어진다. 한편, 업무적 중요도나 경영의 방향 등의 요소를 배제하고 단순히 산하 조직 수의 많고 적음으로 해당 조직의 장의 권한이 결정된다고 볼 수 없다.

45 ①

인사노무처는 인력을 관리하고, 급여, 노사관리 등의 지원 업무가 주 활동이므로 지원본부, 자원기술처는 생산기술이나 자원 개발 등에 관한 기술적 노하우 등 자원 활용기술 업무가 주 활동이라고 판단할 수 있으므로 기술본부에 속하는 것이 가장 합리적인 조직 배치라고 할 수 있다.

46 ②

'갑' 기업의 상설 조직은 공식적, '을' 기업의 당구 동호회는 비공식적 집단이다. 공식적인 집단은 조직의 공식적인 목표를 추구하기 위해 조직에서 의도적으로 만든 집단이다. 따라서 공식적인 집단의 목표나 임무는 비교적 명확하게 규정되어 있으며, 여기에 참여하는 구성원들도 인위적으로 결정되는 경우가 많다.

47 ①

① 감사담당관은 부구청장 산하에 있다.
② 조직도에 따르면 기획재정국장, 복지국장, 생활환경국장, 미래비전추진단장이 있는 것을 알 수 있다.
③ 비전협력과는 미래비전추진단, 일자리경제과는 기획재정국에 속해있다.
④ 복지정책과와 보육지원과는 복지국에 속해있다.

48 ②

임직원 행동지침에 나타난 내용을 통하여 조직의 업무를 파악할 줄 알아야 한다. 제시된 임직원 행동지침 ③에서는 외국 업체 선정을 위한 기술평가위원회 명단을 공개하는 것을 금지한다고 명시하고 있다. 이는 외부는 물론 내부적으로도 금지하는 것이 원칙으로, 내부에 공개할 경우 정보 누수 등을 통해 외부로 유출될 수 있기 때문이다.

49 ①

가격경쟁력을 확보하고자 하는 것은 원가우위 전략에서 실시하는 세부 전략 내용이다. 원가를 낮춰 더 많은 고객을 확보하는 것이 원가우위 전략의 기본 목표이므로 이러한 전략이 과도할 경우 매출만 신장될 뿐 수익구조가 오히려 악화될 우려가 있다.

한편, 차별화 전략은 여러 세분화된 시장을 표적 시장으로 삼아 이들 각각에 독특한 상품을 제공하고자 하는 전략으로 차별적 마케팅을 추진하기 위하여 많은 비용이 수반된다. 또한, 상품과 시장이 다양해져 그에 따른 관리 비용 역시 많아진다는 것이 가장 큰 단점이라고 할 수 있다.

50 ④

㈎ 경영목적, ㈏ 인적자원, ㈐ 마케팅, ㈑ 회계관리, ㈒ 자금, ㈓ 경영전략에 대한 설명이다. 조직 경영에 필요한 4대 요소는 경영목적, 인적자원, 자금, 경영전략이다.

51 ③

타인에 의한 외부적인 동기부여가 효율적이라고 생각한다.

52 ②

전문 의식이란 전문적인 기술과 지식을 갖기 위해 노력하는 자세이고, 연대 의식이란 직업에 종사하는 구성원이 상호 간에 믿음으로 서로 의존하는 의식이다.

53 ②

㉠ '긍지와 책임감을 갖고 최선을 다해 일하고 있다'는 소명 의식을 의미한다.

㉡ 홀랜드의 직업 흥미 유형은 실재적 유형이다.

㉢ 직업의 경제적 의의보다 개인적 의의를 중요시하고 있다.

㉣ 항공기 정비원은 한국 표준 직업 분류 중 기능원 및 관련 기능 종사자에 해당한다.

54 ④

① 근면에 대한 내용이다.

② 책임감에 대한 내용이다.

③ 경청에 대한 내용이다.

55 ①

㈎ 개인의 소질, 능력, 성취도를 최우선으로 하여 직업을 선택하는 업적주의적 직업관이다.

㈏ 개인의 욕구 충족을 중요시하는 개인중심적 직업관이다.

56 ④

직업별 윤리에는 노사 관계에서의 근로자 및 기업가의 윤리, 공직자의 윤리, 직종별 특성에 맞는 법률, 법령, 규칙, 윤리 요강, 선언문 등의 행위 규범이 있다.

57 ③

③ 타협하거나 부정직을 눈감아 주지 말아야 한다.

58 ④

건배 시에 잔을 부딪칠 때에는 상위자의 술잔보다 높게 들지 않아야 한다. 다시 말해, 회식자리에서도 상하 구분이 존재하므로 상위자 (상사)보다는 잔을 높이 들면 안 되며, 더불어서 상위자 (상사)보다 먼저 술잔을 내려놓지 않는다.

59 ①

직업윤리의 덕목

㉠ **소명의식** : 자신이 맡은 일을 하늘에 의해 맡겨진 일이라고 생각하여 자신의 일에 헌신하는 태도

㉡ **천직의식** : 자신의 일이 자신의 능력에 맞는다 여기고 열성을 가지고 성실히 임하는 태도

㉢ **직분의식** : 자신이 하고 있는 일이 사회나 기업을 위해 중요한 역할을 하고 있다고 믿는 태도

㉣ **책임의식** : 직업에 대한 사회적 역할과 책무를 충실히 수행하고 책임을 다하는 태도

㉤ **전문가의식** : 자신의 일이 누구나 할 수 있는 것이 아니라 해당분야의 지식을 바탕으로 가능한 것이라 믿는 태도

㉥ **봉사의식** : 직업활동을 통해 다른사람과 공동체에 대해 봉사하는 정신을 갖춘 태도

60 ②

Jeep류의 차종인 경우 (문이 2개)에는 운전석의 옆자리가 상석이 된다.

종합직무지식평가

1 ⑤

아날로그 컴퓨터는 전류의 흐름이나 전압, 부피, 각도, 길이 등과 같이 셀 수 없는 연속적인 물리량을 계산한다.

2 ①

디지털 컴퓨터는 이산적인 데이터를 처리하는 컴퓨터로 숫자 또는 문자를 출력한다.

3 ④

디지털 컴퓨터는 이산적인 데이터를 처리하는 컴퓨터로 숫자 또는 문자를 출력하며, 아날로그 컴퓨터는 전류의 흐름이나 전압, 부피, 각도, 길이 등과 같이 셀 수 없는 연속적인 물리량을 말한다.

4 ②

A − D 변환기는 아날로그 신호를 디지털 신호로 바꾸어준다.

5 ①

MIPS(Mega Instruction Per Second)는 1초간에 실행되는 기계어 명령의 수로서 보통 기계어 명령의 수는 백만단위이다.

6 ⑤

⑤ CPU(Central Processing Unit) : 중앙처리장치

7 ④

디스크는 눈으로 판독할 수 없다.

8 ①

① LPM(Line Per Minute) : 1분 동안에 인쇄할 수 있는 행수

② CPS(Character Per Second) : 1초에 전송할 수 있는 문자의 수

③ CPM(Character Per Minute) : 1분간 천공할 수 있는 카드수

④ IPS(Inch Per Second) : 자기테이프의 초당 전송속도

⑤ MIPS(Mega Instruction Per Second) : 1초간에 실행되는 기계어 명령의 수

9 ②

하드카피와 소프트카피

㉠ 하드카피(Hard Copy) : 종이에 인쇄된 출력을 하는 것

㉡ 소프트카피(Soft Copy) : 화면에 정보를 출력하는 것

10 ③

CRT Console의 기능

㉠ 컴퓨터 동작을 시작, 정지한다.

㉡ 기억장치 내의 정보를 입 · 출력한다.

㉢ 내부레지스터 내용을 인출하여 출력한다.

㉣ 에러발생으로 컴퓨터가 정지하면 Reset 한다.

㉤ 내부 전자스위치를 ON, OFF 시킨다.

㉥ 컴퓨터 동작에 이상이 생길 때 그 동작을 중지시키거나 동작상태를 변경시킨다.

㉦ 입 · 출력장치를 선택할 수 있다.

11 ⑤

NOT은 2진수의 1의보수를 구할 수 있는 게이트이다.

12 ④

데이터의 크기순서 ··· Bit – Byte – Word – Field – Record – File – Data Base

13 ③

주기억장치에 기억된 데이터는 프로그램에 의해 한 번에 한 개의 Record씩 처리된다.

14 ③

1Byte = 8bits, 2Byte = Half Word, 4Byte = Full Word, 8Byte = Double Word

15 ②

① 물리적레코드 : 기억매체에 저장되어 있는 레코드

② 논리적레코드 : 프로그램에서 입 · 출력 요구를 할 때의 데이터의 기본단위를 나타내는 것으로서, 단순히 레코드라고 할 때는 논리적레코드를 가리키는 경우가 대부분이다.

16 ③

Exclusive-OR ··· EOR, XOR, 반일치회로라고도 하며 두 Bit가 서로 다를 때 1이 된다.

17 ⑤

EOR(배타논리합) 게이트는 두 입력이 모두 같을 때 '0', 다를 때 '1'이 되는 반일치 동작을 하므로 부호판단에 적합하다.

18 ②

OR 게이트

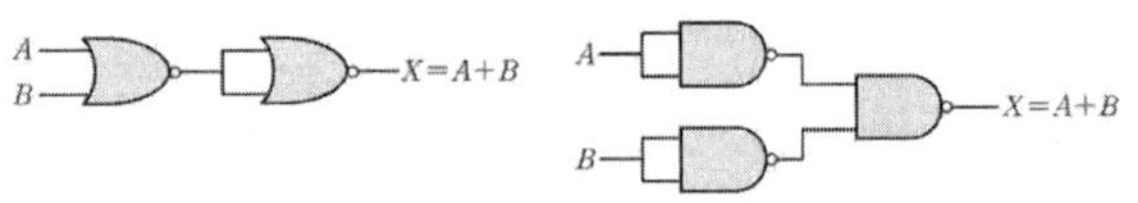

19 ②

트랜지스터로 논리회로를 구성하는 경우, 전류가 흐르는 포화영역과 전류가 흐르지 않는 차단영역을 각각 논리 '1'과 '0'에 대응시켜 구성한다.

20 ④

외부와의 연결이 간단하다.

21 ③

자료(Data)와 정보(Information)

㉠ 자료 : 발생된 사실 그 자체를 말한다. 즉 미가공의 상태이다.

㉡ 정보 : 특정한 상황에 사용하기 위해서 Data를 가공처리한 지식

22 ③

스키마의 종류

㉠ 외부스키마 : 사용자 또는 응용프로그래머가 개별적으로 직접 필요로 하는 데이터베이스의 구조

㉡ 개념스키마 : 기관이나 조직체 입장에서 본 데이터베이스의 전체 구조

㉢ 내부스키마 : 물리적 저장장치면에서 본 전체 데이터베이스의 구조

23 ⑤

해싱(Hashing)과 키(Key)

㉠ Hashing(해싱) : 해싱함수의 특정한 규칙에 의하여 주어진 키로부터 해시표(Hash Table) 라고 하는 기억공간에 그 키의 레코드를 저장할 주소를 결정하고, 같은 방법으로 필요한 레코드의 주소를 산출함으로써 검출작업을 수행하는

㉡ Key : 임의의 file에서 특정한 Record를 유일하게 식별하기 위한 Field

24 ③

Sequential File(순차파일) … 레코드들을 순차적으로 기록한 파일로, 데이터레코드들이 기본키(Primary Key) 값에 따라 일정한 순서로 배열되고, 모든 데이터 항목들은 일정한 크기와 순서로 구성되어 있으므로, 레코드 내의 데이터항목값도 똑같은 순서로 배열된다. 순차파일은 주기적으로 파일전체를 대상으로 하여 일괄처리하는 일괄처리시스템(Batch Processing System)에 적합하다.

25 ③

③ Master File : 기본이 되는 정보를 모두 기록한 파일, 종합 DBMS에서의 마스터파일은 잘 변동되지 않는 기본적 데이터레코드로 구성되어 있으며, 1개 이상의 가변파일과 관련을 갖는다.

④ Transaction File : 마스터파일의 내용을 변경하거나 참조할 때 사용되는 일시적인 성격을 지닌 정보를 기록한 파일, 즉 마스터파일의 어떤 정보를 검사하거나 갱신하는데 사용되는 변동정보 또는 조회를 말한다.

26 ①

LISP(리스프) … List Processor의 약어, 1960년에 미국 MIT에 매카시(J.Macarthy) 등에 의해 만들어진 순환자료의 부호스트링 조작을 위하여 개발된 언어

㉠ 식의 전개, 인수분해, 기호 그대로의 미분 · 적분 등의 수식처리

㉡ 전자회로의 설계

㉢ 인공지능 문제(게임문제, 정리증명, 로봇문제, 자연어 처리)

㉣ 고급언어의 개발에 적합한 언어

㉤ LISP의 특징

- 자료구조가 프로그램처럼 시행될 수 있으며 프로그램이 자료처럼 연산
- 되부름(Recursion) 언어
- 기본 자료구조가 연결리스트를 사용하며, 이 리스트에 대한 일반적인 연산가능

27 ①

언어번역프로그램에는 어셈블러와 컴파일러, 인터프린터가 있다. 어셈블러에 의해서 번역되는 프로그래밍 언어에는 어셈블리 언어가 있고, 컴파일러에 의해 번역되는 프로그래밍 언어에는 포트란 · 코볼 · 알골 · 파스칼 · PL/1 등이 있으며, 인터프린터에 의해서 번역되는 프로그래밍 언어에는 베이식이 있다.

28 ③

어셈블러는 어셈블리 언어로 작성된 프로그램을 기계어로 번역해 주는 언어번역기이다.

29 ①

로더는 컴퓨터에 프로그램을 읽어 넣기 위한 프로그램 루틴이다.

30 ①

Bit(1Bit) < Nibble(4Bit) < Byte(8Bit) < Word(32Bit)

31 ⑤

Spooling … 입력장치를 통해 가능한 많은 입력을 저장하고 또는 출력장치가 인쇄를 할 수 있는 상태가 될 때까지 출력을 저장할 수 있는 대용량 Buffer로 디스크를 이용한 것이다.

32 ④

Job Scheduler(작업스케줄러) … 제어프로그램의 일부로서, 작업의 정의를 판독, 해독하고 작업의 처리를 계획하여 작업 또는 작업단계의 처리를 개시 및 종료시켜서 작업출력데이터를 기록하는 것

33 ⑤

부프로그램(Sub program)은 반복, 수행되는 부분을 별개의 프로그램으로 만들어 중복을 피하는 프로그램을 말한다. 프로그램의 길이가 짧아지고, Coding이 쉬워지나 수행시간이 오히려 조금 더 걸린다.

34 ④

연결편집기(Linkage Editor)

㉠ 명령을 실행하기 위하여 서로 독립되어 컴파일된 여러 개의 목적프로그램을 결합하여 하나의 실행 가능한 모듈로 만들어 주는 프로그램

㉡ 기억장치의 번지를 부여하거나 기호 등을 참조하도록 함으로써, 그 출력으로 로드 모듈을 작성해 기억장치에 적재할 수 있는 상태로 만들어 주는 프로그램

35 ②

마스터스케줄러란 운영체제 중 작업관리 프로그램 및 처리에 필요한 모듈 프로그램을 총괄하는 기능으로서 조작원이 입력한 명령을 해독하여 필요한 동작을 실행하거나 시스템 측으로부터의 메시지를 오퍼레이터에게 지시하는 기능도 포함하고 있다.

36 ④

COM(Computer Output-to Microfilm) … 인쇄단계를 생략하고 컴퓨터의 결과를 직접 마이크로필름화 하는 것

37 ②

전자 우편 메시지 시스템의 주요 기능

㉠ 사후지원서비스

㉡ 문서와 도표의 전송

㉢ 메시지전달서비스

㉣ 전자계산기에 의한 회의

38 ③

혼잡제어는 TCP 계층이며 TCP 계층은 TCP(Transmission Control Protocol)와 UDP(User Datagram Protocol) 프로토콜 두 개로 구분할 수 있으며 신뢰성이 요구되는 애플리케이션에서는 TCP를 사용하고, 간단한 데이터를 빠른 속도로 전송하는 애플리케이션에서는 UDP를 사용한다.

39 ②

다중방송 … 음성다중, 문자다중 등이 있다.

40 ③

텔레커뮤팅(Telecommuting) … 텔레커뮤니케이션시스템을 통하여 집에서 작업시간을 융통성 있게 조정하며, 일상적인 일을 수행하는 것을 말한다. 이것은 회사원들이 집에서 퍼스널컴퓨터나 워드프로세서를 이용하여 업무를 수행할 수 있는 편리한 시스템이다.

41 ②

피싱(phishing) … 개인정보(Private data)와 낚시(Fishing)의 합성어로 개인정보를 낚는다는 의미이다. 금융기관 또는 공공기관을 가장해 전화나 이메일로 인터넷 사이트에서 보안카드 일련번호와 코드번호 일부 또는 전체를 입력하도록 요구해 금융 정보를 몰래 빼가는 수법이다.

42 ①

② SMS와 Phishing의 결합어로 문자메시지를 이용 피싱하는 방법. 해커는 핸드폰 사용자에게 웹사이트 링크를 포함한 문자메시지를 보내고 휴대폰 사용자가 웹사이트에 접속하면 트로이목마를 주입해 인터넷 사용이 가능한 휴대폰을 통제할 수 있게 된다.

③ 네트워크 상에서 자신이 아닌 다른 상대방들의 패킷 교환을 엿듣는 것을 의미한다.

④ 각 서버의 동시 가용자 수를 SYN 패킷만 보내 점유하여 다른 사용자가 서버를 사용할 수 없게 만드는 공격이다.

⑤ 임의로 구성된 웹사이트를 통하여 이용자의 정보를 빼가는 해킹 수법의 하나이다.

43 ①

Fragment offset(단편화 오프셋) … IP payload 의 offset 위치를 저장한다. 단편화된 IP 패킷을 재조립할 때에 조립할 위치를 확인할 때에 사용된다.

- 단편화 오프셋이 될 수 있는 것은 0, 250, 500 3가지이다.
  - 1번째 프레임 0000~1999 → OF : 0
  - 2번째 프레임 2000~3999 → OF : 250
  - 3번째 프레임 4000~5999 → OF : 500
- IP는 IP 단편화를 통해 데이터그램의 크기를 MTU 이하로 작게 만들어 전송할 수 있도록 한다. RFC 791은 IP 단편화, 데이터그램의 전송, 재조립을 위한 프로시저를 기술한다. RFC 815는 호스트에서 쉽게 구현할 수 있는 간단한 재조립 알고리즘을 기술한다.
- Identification 필드와 Fragment offset 필드는 Don't Fragment 플래그, More Fragment 플래그와 함께 IP 데이터그램의 단편화와 재조립을 위해 사용된다.

44 ⑤

커버로스 인증 프로토콜 … 대칭 키 암호를 이용하는 TTP 인증 프로토콜로서 클라이언트의 요청에 따라 인증 서버는 클라이언트의 패스워드를 기초로 티켓과 세션 키를 클라이언트에게 제공하고, 클라이언트는 애플리케이션 서버에 접근 시 일정 기간 내 사용자 인증용으로 이 티켓을 사용하는 방식이다.

45 ③

① CTR(click through rates) : click through rates 의 약어. 얼마나 많은 사람들이 배너 광고를 클릭하여 해당 사이트로 연결되었는가를 확인하는 배너 광고 평가 방식의 새로운 기준이다.

② OFB(output feedback) : 블록 암호를 사용하여 블록 간의 의존 관계를 갖는 비트열 암호 이용 모드로 블록 암호의 출력 전부를 입력 레지스터 갱신에 사용하는 비트열 암호화 방법이다.

③ CBC(CBC mode) : 암호 블록 연쇄모드의 약자로서 각 평문 블록을 이전 암호문 블록과 XOR한 후 암호화 되어 안전성을 높인다.

④ ECB(electronic code block) : 평문의 메시지 데이터를 블록마다 독립시켜 암호화하는 기본 이용 모드, 대칭 기술을 사용하여 일정 길이의 블록마다 암호화하는 블록 암호방식의 해독 가능성을 보완하기 위해 블록마다 나누어 각각을 암호화 한다.

⑤ CFB(Cipher Feedback) : 고정 길이의 평문을 고정 길이의 암호문으로 변환하는 비밀 키 암호 방식을 사용하여 송수신에서 같은 길이의 비트 수 단위로 암호화하는 이용 모드이다.

46 ⑤

국민연금심의위원회〈「국민연금법」 제5조 제1항〉 … 국민연금사업에 관한 다음 사항을 심의하기 위하여 보건복지부에 국민연금심의위원회를 둔다.

1. 국민연금제도 및 재정 계산에 관한 사항
2. 급여에 관한 사항
3. 연금보험료에 관한 사항
4. 국민연금기금에 관한 사항
5. 그 밖에 국민연금제도의 운영과 관련하여 보건복지부장관이 회의에 부치는 사항

47 ①

① 국민연금은 가입 이후 10년 이상 납입하면 수령할 수 있다.

48 ③

① 최저생활 보호의 원리에 대한 설명이다.

② 생존권 보장의 원리에 대한 설명이다.

④ 자립 조성의 원리에 대한 설명이다.

⑤ 최저생활보호의 원리는 생계만이 아닌 건강하고 문화적인 수준을 유지할 수 있는 최저한도의 생활이 보장되어야 한다는 원리이다.

※ 공공부조의 원리 및 원칙

㉠ 공공부조의 6대 원리

- 생존권 보장의 원리 : 국민은 생활이 어렵게 되었을 때 자신의 생존을 보장 받을 수 있는 권리가 법적으로 인정된다.
- 국가책임의 원리 : 빈곤하고 생활 능력이 없는 국민에 대해서는 궁극적으로 국가가 책임지고 보호한다.
- 최저생활 보호의 원리 : 단순한 생계만이 아니라 건강하고 문화적인 수준을 유지할 수 있는 최저한도의 생활이 보장되어야 한다.
- 무차별 평등의 원리 : 사회적 신분에 차별 없이 평등하게 보호받을 수 있어야 한다.
- 자립 조성의 원리 : 자립적이고 독립적으로 사회생활에 적응해 나갈 수 있도록 돕는다.
- 보충성의 원리 : 수급자가 최저한도의 생활을 유지할 수 없는 경우에 최종적으로 그 부족분을 보충한다.

㉡ 공공부조의 6대 원칙

- 신청보호의 원칙 : 우선적으로 국가에게 보호신청을 한 후 직권보호를 받는다.
- 기준과 정도의 원칙 : 대상자의 연령, 세대구성, 소득관계 및 자산 조사를 통해 부족분만을 보충한다.
- 필요즉응의 원칙 : 무차별 원리에 대한 보완적 성격으로 보호 신청이 있을 시 즉시 보호 여부를 결정해야 한다.
- 세대단위의 원칙 : 공공부조는 세대를 단위로 하여 그 서비스의 필요여부 및 정도를 결정한다.
- 현금부조의 원칙 : 수급권자의 낙인감과 불신을 최소화하기 위해 금전 급여를 원칙으로 한다.
- 거택보호의 원칙 : 수급권자가 거주하는 자택에서 공공부조가 제공된다.

49 ④

국민건강보험법 제62조 … 요양급여비용을 심사하고 요양급여의 적정성을 평가하기 위하여 건강보험심사평가원을 설립한다.

50 ④

④ 민간보험의 보험료 부과방식에 대한 설명이다. 사회보험은 소득수준에 따른 차등부과방식이다.

제 3 회 정답 및 해설

직업기초능력평가

1 ①

사회적 기업이 영리 추구 활동을 전혀 배제하는 것은 아니며, 창출된 수익이나 이윤을 운용하는 방식이 일반 기업과 다른 것이다.

② 재정 지원을 받는다는 언급은 없다.

③ 사회적 기업 활동의 가장 큰 목적은 취약계층에게 일자리와 사회서비스를 제공하는 데 있다.

④ 지역사회 주민의 삶의 질 향상을 위한 기업은 지역사회 공헌형 사회적 기업이다.

2 ②

'숫자 등이 얼마일 것으로 미루어 생각하여 판정한다'는 뜻을 가진 '추정'이 적절하게 쓰였다.

① '어디부터 어디까지'의 의미인 '범위'가 아닌, '동일한 성질을 가진 분류'의 의미인 '범주'가 적절한 어휘이다.

③ 불만이나 감정, 문제점 등을 드러내는 의미의 '표출'이 아닌, '제시'가 적절한 어휘이다.

④ 준비되지 못한 '미비'가 아닌, 부족하다는 의미의 '미흡'이 적절한 어휘이다.

3 ④

'가을 전도' 현상은 가을의 차가운 대기로 인해 표층수의 온도가 물의 최대 밀도가 되는 4℃에 가깝게 하강하면 아래쪽으로 가라앉으면서 상대적으로 밀도가 낮은 아래쪽의 물이 위쪽으로 올라오게 되는 현상을 말한다.

4 ④

기타사항에 3개월 인턴 후 평가(70점 이상)에 따라 정식 고용 여부를 결정한다고 명시되어 있다.

5 ③

지문의 도입부에서는 식량 확보 실패의 원인이 생산보다 분배임을 언급하고 있다. 생산보다 분배가 문제인 것은 지구의 모든 지역에서의 농작물 수확량 향상 속도가 동일하지 않기 때문이다. 따라서 분배의 불균형 문제에 대한 원인이 되는 것은 보기③의 내용 밖에 없다.

6 ③

① **실재 → 실제** : '실재로 존재함'을 뜻하는 '실재(實在)'가 아닌 '사실의 경우 또는 형편'을 뜻하는 '실제(實際)'를 쓰는 것이 옳다.

② **운용 → 운영** : '돈이나 제도 따위의 제한적인 기능을 부리어 쓴다'는 의미를 가진 운용(運用)이 아닌 '어떤 시스템 전체를 관리한다'는 의미의 운영(運營)을 쓰는 것이 적절하다.

④ **임대 → 임차** : 임대(賃貸)는 '돈을 받고 자신의 물건을 상대방에게 사용하게 하는 일'을 말하며 '돈을 내고 상대의 물건을 빌리는 것'은 임차(賃借)이다.

7 ②

위 문서는 기안서로 회사의 업무에 대한 협조를 구하거나 의견을 전달할 때 작성하며, 흔히 사내 공문서라고도 한다.

8 ③

내용을 보면 박 대리는 공적인 업무를 처리하는 과정에서 출판사 대표와의 사적인 내용을 담아 출판사 대표와 자신이 근무하는 회사에 피해를 안겨준 사례이다.

9 ②

합리적 의사결정의 조건으로 회의에서 논의된 내용이 투명하게 공개되어야 한다는 조건을 명시하고 있으나, ㉠과 ㉢에서는 비공개주의를 원칙으로 하고 있기 때문에 조건에 위배된다.

10 ②

② 다른 나라에 진출한 타 기업 수 현황 자료는 '다른 나라와의 경제적 연대 증진'이라는 해외 시장 진출의 의의를 뒷받침하는 근거 자료로 적합하지 않다.

11 ②

- 고객홍보팀장 & IT기획팀장 : 주간 업무계획 보고 4일간 + 스마트상담센터 관련 업무 3일간(8, 9, 25일)
- 기획팀장 & 미래경영연구팀장 : 주간 업무계획 보고 4일 + 스마트농업 관련 업무 1일간(22일)

12 ③

기획팀과 IT기획팀 모두 업무가 없는 날은 1일, 3~4일, 10일, 15~18일, 23~24일, 29~30일이다. 이 중 이틀 연속으로 가능한 날짜여야 하므로 가능한 출발 날짜는 3일, 15일, 16일, 17일, 23일, 29일이다.

13 ③

조건에 따라 순서에 맞게 정리하여 보면 B→E→[D→A→G]→F→H→C

여기서 [] 안의 세 명의 순위는 바뀔 수 있다.

① A의 순위는 4위 또는 5위가 될 수 있다.

② H보다 늦게 골인한 사람은 C 1명이다.

③ D는 3, 4, 5위를 할 수 있다.

④ G는 3위가 될 수 있다.

14 ③

㉠ "옆에 범인이 있다."고 진술한 경우를 ○, "옆에 범인이 없다."고 진술한 경우를 ×라고 하면

1	2	3	4	5	6	7	8	9
○	×	×	○	×	○	○	○	×
							시민	

- 9번이 범인이라고 가정하면

  9번은 "옆에 범인이 없다.'고 진술하였으므로 8번과 1번 중에 범인이 있어야 한다. 그러나 8번이 시민이므로 1번이 범인이 된다. 1번은 "옆에 범인이 있다."라고 진술하였으므로 2번과 9번에 범인이 없어야 한다. 그러나 9번이 범인이므로 모순이 되어 9번은 범인일 수 없다.

- 9번이 시민이라고 가정하면

  9번은 "옆에 범인이 없다."라고 진술하였으므로 1번도 시민이 된다. 1번은 "옆에 범인이 있다."라고 진술하였으므로 2번은 범인이 된다. 2번은 "옆에 범인이 없다."라고 진술하였으므로 3번도 범인이 된다. 8번은 시민인데 "옆에 범인이 있다."라고 진술하였으므로 9번은 시민이므로 7번은 범인이 된다. 그러므로 범인은 2, 3, 7번이고 나머지는 모두 시민이 된다.

㉡ 모두가 "옆에 범인이 있다."라고 진술하면 시민 2명, 범인 1명의 순으로 반복해서 배치되므로 옳은 설명이다.

㉢ 다음과 같은 경우가 있음으로 틀린 설명이다.

1	2	3	4	5	6	7	8	9
○	○	○	○	○	○	○	×	○
범인	시민	시민	범인	시민	범인	시민	시민	시민

15 ③

① 19일 수요일 오후 1시 울릉도 도착, 20일 목요일 독도 방문, 22일 토요일은 복귀하는 날인데 종아는 매주 금요일에 술을 마시므로 멀미로 인해 선박을 이용하지 못한다. 또한 금요일 오후 6시 호박엿 만들기 체험도 해야 한다.

② 20일 목요일 오후 1시 울릉도 도착, 독도는 화요일과 목요일만 출발하므로 불가능

③ 23일 일요일 오후 1시 울릉도 도착, 24일 월요일 호박엿 만들기 체험, 25일 화요일 독도 방문, 26일 수요일 포항 도착

④ 25일 화요일 오후 1시 울릉도 도착, 27일 목요일 독도 방문, 28일 금요일 호박엿 만들기 체험은 오후 6시인데, 복귀하는 선박은 오후 3시 출발이라 불가능

16 ④

정보를 통해 정리해 보면 다음과 같다.

G → D → E → A → C → B → F

17 ①

금요일에는 제육덮밥이 편성된다. 목요일에는 오므라이스를 편성할 수 없고, 다섯 번째 조건에 의해 나물비빔밥도 편성할 수 없다. 따라서 목요일에는 돈가스 정식 또는 크림 파스타가 편성되어야 한다. 마지막 조건과 두 번째 조건에 의해 돈가스 정식은 월요일, 목요일에도 편성할 수 없으므로 돈가스 정식은 화요일에 편성된다. 따라서 목요일에는 크림 파스타, 월요일에는 나물 비빔밥이 편성된다.

18 ④

'안정적 자금 공급'이 자사의 강점이기 때문에 '안정적인 자금 확보를 위한 자본구조 개선'은 향후 해결해야 할 과제에 속하지 않는다.

19 ③

갑 FC가 병 FC에게 7승을 거두었다면 병 FC의 14패 중 7패는 갑 FC에게 당한 것이고 나머지 7패는 을 FC에게 당한 것이 된다. 이것은 또 을 FC의 11승 중 7승을 병 FC에게 거둔 것이고 나머지 4승은 갑 FC에게 거둔 것이 된다는 의미이다. 따라서 정답은 4승이 된다.

20 ④

을 FC가 갑 FC에게 8패를 당한 사실을 근거로 나머지 각 팀 간의 모든 승수와 패수를 계산하여 정리하면 다음과 같다.

갑 FC의 대 을 FC 성적 : 8승 2패 ↔ 을 FC의 대 갑 FC 성적 : 2승 8패

갑 FC의 대 병 FC 성적 : 7승 3패 ↔ 병 FC의 대 갑 FC 성적 : 3승 7패

을 FC의 대 병 FC 성적 : 4승 6패 ↔ 병 FC의 대 을 FC 성적 : 6승 4패

따라서 '병 FC는 을 FC와의 맞대결 성적이 을 FC보다 좋다.'가 올바른 설명이 된다.

① 병 FC는 두 팀에게 각각 3승 7패와 6승 4패의 성적을 거두었다.

② 갑 FC는 병 FC에게 7승 3패를 거두었다.

③ 을 FC의 6승은 갑 FC로부터 거둔 2승, 병 FC으로부터 거둔 4승이다.

21 ③

2011년 10월 생산품이므로 1110의 코드가 부여되며, 일본 '왈러스' 사는 5K, 여성용 02와 블라우스 해당 코드 006, 10,215번째 입고품의 시리얼 넘버 10215가 제품 코드로 사용되므로 1110 – 5K – 02006 – 10215가 된다.

22 ③

2008년 10월에 생산되었으며, 멕시코 Fama사의 생산품이다. 또한, 아웃도어용 신발을 의미하며 910번째로 입고된 제품임을 알 수 있다.

23 ③

제시된 내용은 URL에 대한 설명이다. 방대한 컴퓨터 네트워크에서 자신이 원하는 정보 자원을 찾기 위해서는 해당 정보 자원의 위치와 종류를 정확히 파악할 필요가 있는데, 이를 나타내는 일련의 규칙을 URL(Uniform Resource Locator : 자원 위치 지정자)이라고 한다. URL에는 컴퓨터 네트워크 상에 퍼져있는 특정 정보 자원의 종류와 위치가 기록되어 있다.

24 ③

③ 매크로 보안 설정 사항으로는 모든 매크로 제외(알림 표시 없음), 모든 매크로 제외(알림 표시), 디지털 서명된 매크로만 포함 등이 있으며, '모든 매크로 포함'은 위험성 있는 코드가 실행될 수 있으므로 권장하지 않는다.

25 ④

표시 위치를 지정하여 특정 문자열을 연결하여 함께 표시할 경우에는 @를 사용한다. 따라서 '신재생'을 입력하여 '신재생에너지'라는 결과값을 얻으려면 '@에너지'가 올바른 서식이다.

26 ②

LOOKUP 함수에 대한 설명이다. LOOKUP 함수는 찾을 값을 범위의 첫 행 또는 첫 열에서 찾은 후 범위의 마지막 행 또는 열의 같은 위치에 있는 값을 구하는 것으로, 수식은 '=LOOKUP(찾을 값, 범위, 결과 범위)'가 된다.

27 ③

WAN(광대역 통신망)은 한 국가, 한 대륙 또는 전 세계에 걸친 넓은 지역의 수많은 컴퓨터를 서로 연결하여 정보를 송·수신할 수 있도록 하는 통신망이다. ③에 제시된 설명은 B-ISDN(광대역 종합정보 통신망)에 해당한다.

28 ③

IF(조건, 인수1, 인수2) 함수는 해당 조건이 참이면 인수1을, 거짓이면 인수2를 실행하게 하는 함수이다. 따라서 A1 셀이 0 이상(크거나 같음)이면 "양"을, 그렇지 않으면 "음"을 표시하게 되는 것이다.

29 ④

목표값 찾기는 수식으로 구하려는 결과값은 알지만 해당 결과를 구하는 데 필요한 수식 입력 값을 모르는 경우 사용하는 기능이다. 제시된 대화 상자의 빈칸에는 다음과 같은 내용이 입력된다.

- 수식 셀 : 결과값이 출력되는 셀 주소를 입력 → 반드시 수식이어야 함
- 찾는 값 : 목표값으로 찾고자 하는 값 입력
- 값을 바꿀 셀 : 목표 결과값을 계산하기 위해 변경되는 값이 입력되어 있는 셀 주소 입력

30 ③

D2셀에 기재되어야 할 수식은 =VLOOKUP(B2,$C$12:$D$15,2,0)이다. B2는 직책이 대리이므로 대리가 있는 셀을 입력하여야 하며, 데이터 범위인 C12:D15가 변하지 않도록 절대 주소로 지정을 해 주게 된다. 또한 대리 직책에 대한 수당이 있는 열의 위치인 2를 입력하게 되며, 마지막에 직책이 정확히 일치하는 값을 찾아야 하므로 0을 기재하게 된다.

31 ④

주어진 산식을 이용해 각 기업의 금융비용부담률과 이자보상비율을 계산해 보면 다음과 같다.

〈A기업〉 영업이익 : 98−90−2=6천만 원 금융비용부담률 : 1.5÷98×100=약 1.53% 이자보상비율 : 6÷1.5×100=400%
〈B기업〉 영업이익 : 105−93−3=9천만 원 금융비용부담률 : 1÷105×100=약 0.95% 이자보상비율 : 9÷1×100=900%
〈C기업〉 영업이익 : 95−82−3=10천만 원 금융비용부담률 : 2÷95×100=약 2.11% 이자보상비율 : 10÷2×100=500%
〈D기업〉 영업이익 : 112−100−5=7천만 원 금융비용부담률 : 2÷112×100=약 1.79% 이자보상비율 : 7÷2×100=350%

따라서 금융비용부담률이 가장 낮은 기업과 이자보상비율이 가장 높은 기업은 모두 B기업임을 알 수 있으며, B기업이 가장 우수한 건전성을 나타낸다고 할 수 있다.

32 ②

주어진 자료를 보면 본사에서 B영업소까지 거리가 가장 멀기 때문에 A영업소나 C영업소로 출발하고 돌아오는 루트가 최단거리가 된다. 따라서 '본사−A−B−E−D−C−본사'의 순서 또는 그 역순으로 방문하는 것이 가장 짧다. 따라서 156km가 적절하다.

33 ④

솜 인형의 실제 무게는 18파운드이며, 주어진 산식으로 부피무게를 계산해 보아야 한다. 부피무게는 28 × 10 × 10 ÷ 166 = 17파운드가 되어 실제 무게보다 가볍다. 그러나 28inch는 28 × 2.54 = 약 71cm가 되어 한 변의 길이가 50cm 이상이므로, A배송사에서는 (18 + 17) × 0.6 = 21파운드의 무게를 적용하게 된다. 따라서 솜 인형의 운송비는 19,000원이다.

34 ①

① 두환이는 K은행의 PB고객이므로 최대 6,000만 원 이내까지 대출이 가능하다.

35 ③

수도권 중 과밀억제권역에 해당하므로 우선변제를 받을 보증금 중 일정액의 범위는 2,000만 원이다. 그런데 ④처럼 하나의 주택에 임차인이 2명 이상이고 그 보증금 중 일정액을 모두 합한 금액(甲 2,000만 원 + 乙 2,000만 원 + 丙 1,000만 원 = 5,000만 원)이 주택가액인 8,000만 원의 2분의 1을 초과하므로 그 각 보증금 중 일정액을 모두 합한 금액에 대한 각 임차인의 보증금 중 일정액의 비율(2 : 2 : 1)로 그 주택가액의 2분의 1에 해당하는 금액(4,000만 원)을 분할한 금액을 각 임차인의 보증금 중 일정액으로 봐야 한다. 따라서 우선변제를 받을 보증금 중 일정액은 甲 1,600만 원, 乙 1,600만 원, 丙 800만 원으로 乙과 丙이 담보물권자보다 우선하여 변제받을 수 있는 금액의 합은 1,600 + 800 = 2,400만 원이다.

36 ②

甲~戊의 심사기준별 점수를 산정하면 다음과 같다. 단, 丁은 신청마감일(2014. 4. 30.) 현재 전입일부터 6개월 이상의 신청자격을 갖추지 못하였으므로 제외한다.

구분	거주 기간	가족 수	영농 규모	주택 노후도	사업 시급성	총점
甲	10	4	4	8	10	36점
乙	4	8	10	6	10	38점
丙	6	6	8	10	10	40점
戊	8	6	10	8	4	36점

따라서 상위 2가구는 丙과 乙이 되는데, 2가구의 주소지가 B읍·면으로 동일하므로 총점이 더 높은 丙을 지원하고, 나머지 1가구는 甲, 戊의 총점이 동점이므로 가구주의 연령이 더 높은 甲을 지원하게 된다.

37 ③

상품별 은행에 내야 하는 총금액은 다음과 같다.

- A상품 : (1,000만 원 × 1% × 12개월) + 1,000만 원 = 1,120만 원
- B상품 : 1,200만 원
- C상품 : 90만 원 × 12개월 = 1,080만 원

㉠ A상품의 경우 자동차를 구입하여 소유권을 취득할 때, 은행이 자동차 판매자에게 즉시 구입금액을 지불하는 상품으로 자동차 소유권을 얻기까지 은행에 내야 하는 금액은 0원이다. → 옳음

㉡ 1년 내에 사고가 발생해 50만 원의 수리비가 소요된다면 각 상품별 총비용은 A상품 1,170만 원, B상품 1,200만 원, C상품 1,080만 원이다. 따라서 A상품보다 C상품을 선택하는 것은 유리하지만, B상품은 유리하지 않다. → 틀림

㉢ 자동차 소유권을 얻는 데 걸리는 시간은 A상품 구입 즉시, B상품 1년, C상품 1년이다. → 옳음

㉣ B상품과 C상품 모두 자동차 소유권을 얻기 전인 1년까지는 발생하는 모든 수리비를 부담해 준다. 따라서 사고 여부와 관계없이 총비용이 작은 C상품을 선택하는 것이 유리하다. → 옳음

38 ①

A~E의 지급 보험금을 산정하면 다음과 같다.

피보험물건	지급 보험금
A	주택, 보험금액 ≥ 보험가액의 80%이므로 손해액 전액 지급 → 6천만 원
B	일반물건, 보험금액 < 보험가액의 80%이므로 손해액 × $\frac{\text{보험금액}}{\text{보험가액의 80\%}}$ 지급 → $6{,}000 \times \frac{6{,}000}{6{,}400} = 5{,}625$만 원
C	창고물건, 보험금액 < 보험가액의 80%이므로 손해액 × $\frac{\text{보험금액}}{\text{보험가액의 80\%}}$ 지급 → $6{,}000 \times \frac{7{,}000}{8{,}000} = 5{,}250$만 원
D	공장물건, 보험금액 < 보험가액이므로 손해액 × $\frac{\text{보험금액}}{\text{보험가액}}$ 지급 → $6{,}000 \times \frac{9{,}000}{\text{1억}} = 5{,}400$만 원

E	동산, 보험금액 < 보험가액이므로 손해액 $\times \frac{\text{보험금액}}{\text{보험가액}}$ 지급 $\rightarrow 6,000 \times \frac{6,000}{7,000}$ = 약 5,143만 원

따라서 지급 보험금이 많은 것부터 순서대로 나열하면 A − B − D − C − E이다.

39 ④

㈎ 1일 평균 근로시간은 '근로시간 ÷ 근로일수'로 계산할 수 있으며, 연도별로 8.45시간, 8.44시간, 8.47시간, 8.45시간으로 2016년이 가장 많다. (O)

㈏ 1일 평균 임금총액은 '임금총액 ÷ 근로일수'로 계산할 수 있으며, 연도별로 149.2천 원, 156.4천 원, 161.6천 원, 165.4천 원으로 매년 증가하였다. (O)

㈐ 1시간 당 평균 임금총액은 '임금총액 ÷ 근로시간'으로 계산할 수 있으며, 연도별로 17.7천 원, 18.5천 원, 19.1천 원, 19.6천 원으로 매년 증가하였다. (O)

㈑ 2014년~2016년의 수치로 확인해 보면, 근로시간이 더 많은 해에 임금총액도 더 많다고 할 수 없으므로 비례관계가 성립하지 않는다. (X)

40 ③

시간 관리를 통하여 일에 대한 부담을 줄이는 것은 스트레스를 줄이는 효과적인 접근이 될 수 있다. 또한 시간 관리를 잘 한다면 직장에서 일을 수행하는 시간을 줄이고, 일과 가정 혹은 자신의 다양한 여가를 동시에 즐길 수 있게 된다. 특히, 주어진 매트릭스의 사례에서 볼 수 있듯, 긴급하지 않지만 중요한 일과 긴급하지만 중요하지 않은 일을 자신의 상황과 업무 내용에 따라 적절한 기준을 적용하여 순위에 따라 수행한다면 일의 우선순위를 따져 효과적인 시간 관리를 하는 데 큰 도움을 얻을 수 있다.

③ 처음 계획보다 더 많은 일을 수행하게 되는 것은 긍정적인 현상이라고 볼 수 없으며 이는 일 중독자에게 나타나는 현상으로 볼 수 있다.

41 ④

부사장 직속은 4개의 본부와 1개의 부문으로 구성되어 있다.

42 ③

③ 비공식적인 의사소통이 원활한 것은 유기적 조직의 특성이다. 나머지는 모두 기계적 조직의 특성에 해당한다.

43 ④

송상현 사원의 1/4분기 복지 지원 사유는 장모상이었다. 이는 본인/가족의 경조사에 포함되므로 경조사 지원에 포함되어야 한다.

44 ④

해외출장의 출장계획서는 팀장의 전결사항이나, 출장비신청서는 '각종신청서'에 속하므로 사장의 결재사항으로 규정되어 있다.

③ 팀장 전결 사항일 경우, 팀장 결재란에 '전결'이, 사장 결재란에 '팀장'이 표시되며, 본부장은 결재가 필요하지 않으므로 상향대각선을 표시하게 된다.

45 ①

50만 원 이하의 법인카드 사용의 건이므로 본부장을 전결권자로 하는 법인카드신청서가 필요한 경우가 된다. 따라서 본부장 결재란에 '전결'을 표시하여야 하며, 최종 결재권자란에 '본부장'을 표시한다. 상향대각선이 필요하지 않은 결재 건이다.

46 ③

③ 일반적으로 메뉴를 선택할 때 손님에게 일임하거나 무조건 같은 것으로 하겠다고 하는 것은 적절한 매너가 아니다.

② 초청자 측의 가장 윗사람 바로 옆에 상대방 측의 가장 윗사람의 자리를 마련한다.

47 ③

조직 내 집단은 공식적인 집단과 비공식적인 집단으로 구분할 수 있다. 공식적인 집단은 조직의 공식적인 목표를 추구하기 위해 조직에서 의도적으로 만든 집단이다. 반면에, 비공식적인 집단은 조직구성원들의 요구에 따라 자발적으로 형성된 집단이다. 이는 공식적인 업무수행 이외에 다양한 요구들에 의해 이루어진다.

48 ①

조직문화의 7가지 구성요소는 공유가치, 리더십 스타일, 구조, 관리 기술, 전략, 제도 및 절차, 구성원이며 예산은 조직문화 구성요소에 포함되지 않는다.

② 이 밖에도 조직문화는 구성원의 몰입도를 향상시키고 조직의 안정성을 유지시켜 주는 기능도 포함한다.

③ 관리적 조직문화, 과업지향적 조직문화 등과 함께 관계지향적 조직문화, 유연한 조직문화 등이 있다.

49 ②

② '결재권자는 업무의 내용에 따라 이를 위임하여 전결하게 할 수 있다'고 규정되어 있으나, 동시에 '이에 대한 세부사항은 따로 규정으로 정한다.'고 명시되어 있다. 따라서 여건에 따라 상황에 맞는 전결권자를 지정한다는 것은 규정에 부합하는 행위로 볼 수 없다.

50 ③

③ 결재 문서가 아니라도 처리과의 장이 중요하다고 인정하는 문서는 문서등록대장에 등록되어야 한다고 규정하고 있으므로 신 과장의 지침은 적절하다고 할 수 있다.

① 같은 날짜에 결재된 문서인 경우 조직 내부 원칙에 의해 문서별 우선순위 번호를 부여해야 한다.

② 중요성 여부와 관계없이 내부 결재 문서에는 모두 '내부결재' 표시를 하도록 규정하고 있다.

④ 보고서에는 별도의 보존기간 기재란이 없으므로 문서의 표지 왼쪽 위의 여백에 기재란을 마련하라고 규정되어 있으나, 기안 문서에는 문서 양식 자체에 보존기간을 기재하는 것이 일반적이므로 D 사원의 판단은 옳지 않나.

51 ④

영어의 경우에는 대소문자를 명확히 구분해서 표기해야 한다.

52 ④

- 나이 어린 사람을 연장자에게 소개한다.
- 내가 속해 있는 회사의 관계자를 타 회사의 관계자에게 소개한다.
- 신참자를 고참자에게 소개한다.
- 동료임원을 고객, 손님에게 소개한다.
- 비임원을 임원에게 소개한다.
- 소개받는 사람의 별칭은 그 이름이 비즈니스에서 사용되는 것이 아니라면 사용하지 않는다.
- 반드시 성과 이름을 함께 말한다.
- 상대방이 항상 사용하는 경우라면, Dr. 또는 Ph.D. 등의 칭호를 함께 언급한다.
- 정부 고관의 직급명은 퇴직한 경우라도 항상 사용한다.
- 천천히 그리고 명확하게 말한다.
- 각각의 관심사와 최근의 성과에 대하여 간단한 언급을 한다.

53 ①

정직이 신뢰를 형성하는 충분한 조건은 아니다. 신뢰를 얻기 위해서는 정직 이외에도 약속을 잘 지키거나 필요능력을 갖춰야 하는 등의 다른 필요사항도 있어야 하겠지만 정직이 신뢰를 위해서는 빠질 수 없는 요소인 것만은 틀림없다. 정직은 사람과 사람이 협력하는데 필요한 가장 기본적인 규범이기 때문에 "거짓말 하는 사람은 정상적인 대우를 하지 않는다."라는 사회적 인식과 믿음을 굳혀야 한다.

또한, 조직의 리더가 조직 구성원에게 원하는 첫째 요건이 바로 성실성이라고 한다. 즉, 성실은 조직생활에서 가장 큰 무기가 될 수 있는 것이다.

54 ②

전화걸기

- 전화를 걸기 전에 먼저 준비를 한다. 정보를 얻기 위해 전화를 하는 경우라면 얻고자 하는 내용을 미리 메모하도록 한다.
- 전화를 건 이유를 숙지하고 이와 관련하여 대화를 나눌 수 있도록 준비한다.
- 전화는 정상적인 업무가 이루어지고 있는 근무 시간에 걸도록 한다.
- 당신이 통화를 원하는 상대와 통화할 수 없을 경우에 대비하여 비서나 다른 사람에게 메시지를 남길 수 있도록 준비한다.
- 전화는 직접 걸도록 한다.
- 전화를 해달라는 메시지를 받았다면 가능한 한 48시간 안에 답해주도록 한다.

55 ②

소매가 넓은 예복을 입었을 시에는 공수한 팔의 소매 자락이 수평이 되게 올리고 평상복을 입었을 때는 공수한 손의 엄지가 배꼽 부위 위에 닿도록 자연스럽게 앞으로 내린다.

56 ④

성예절을 지키기 위한 자세 … 직장에서 여성의 특징을 살린 한정된 업무를 담당하던 과거와는 달리 여성과 남성이 대등한 동반자 관계로 동등한 역할과 능력발휘를 한다는 인식을 가질 필요가 있다.

㉠ 직장 내에서 여성이 남성과 동등한 지위를 보장받기 위해서 그만한 책임과 역할을 다해야 하며, 조직은 그에 상응하는 여건을 조성해야 한다.

㉡ 성희롱 문제를 사전에 예방하고 효과적으로 처리하는 방안이 필요한 것이다.

㉢ 남성 위주의 가부장적 문화와 성역할에 대한 과거의 잘못된 인식을 타파하고 남녀공존의 직장문화를 정착하는 노력이 필요하다.

57 ③

① **소명의식** : 자신이 맡은 일은 하늘에 의해 맡겨진 일이라고 생각하여 자신의 일에 헌신하는 태도

② **직분의식** : 자신이 하고 있는 일이 사회나 기업을 위해 중요한 역할을 하고 있다고 믿고 자신의 활동을 수행하는 태도

④ **봉사의식** : 직업활동을 통해 다른 사람과 공동체에 대해 봉사하는 정신을 갖추고 실천하는 태도

58 ②

주어진 글은 봉사(서비스) 중에서도 '고객접점서비스'에 관한 설명이다. 고객접점서비스란 고객과 서비스요원 사이의 15초 동안의 짧은 순간에서 이루어지는 서비스로서 이 순간은 진실의 순간(MOT: moment of truth) 또는 결정적 순간이다. 이 15초 동안에 고객접점에 있는 최일선 서비스 요원이 책임과 권한을 가지고 우리 회사를 선택한 것이 가장 좋은 선택이었다는 사실을 고객에게 입증시켜야 한다는 것이다. 따라서 고객이 서비스 상품을 구매하기 위해서는 입구에 들어올 때부터 나갈 때까지 여러 서비스요원과 몇 번의 짧은 순간을 경험하게 되는데 그때마다 서비스요원은 모든 역량을 동원하여 고객을 만족시켜주어야 하는 것이다.

59 ①

각자가 말한 직업관은 다음과 같은 의미로 해석할 수 있다.

- 소명의식 : 자신이 맡은 일은 하늘에 의해 맡겨진 일이라고 생각하여 자신의 일에 헌신하는 태도
- 천직의식 : 자신의 일이 자신의 능력과 적성에 꼭 맞는다 여기고 그 일에 열성을 가지고 성실히 임하는 태도
- 직분의식 : 자신이 하고 있는 일이 사회나 기업을 위해 중요한 역할을 하고 있다고 믿고 자신의 활동을 수행하는 태도
- 전문가의식 : 자신의 일이 누구나 할 수 있는 것이 아니라 해당 분야의 지식과 교육을 밑바탕으로 성실히 수행해야만 가능한 것이라 믿고 수행하는 태도

60 ③

직업윤리와 개인윤리가 충돌하는 상황이며, 이러한 경우 직업윤리를 우선시하는 것이 바람직하다. 선택지 ④의 경우는 책임감 있는 태도라고 볼 수 없다.

1 ⑤

스키마는 데이터베이스를 구성하는 데이터의 개체, 이들의 속성, 이들 간에 존재하는 관계, 데이터 조작 시 이들 데이터 값들이 갖는 제약 조건에 관한 정의 등을 총칭한 것이다.

2 ④

프로그램 내장방식… Neumann이 1945년에 '전자계산기의 제어방식으로서 기계 내부에 계산 순서를 기억시키고 필요한 내용을 순서에 따라 꺼내어 기계 스스로 명령을 해독하여 실행시키는 방식'을 발표한 것으로 EDSAC(1949)에서 가장 먼저 채택하였다.

3 ③

① Hollerith : PCS(Punch Card System)
② Pascal : 가감기
④ Babbage : 차분기관과 해석기관
⑤ Napier : 곱셈기

4 ④

펀치카드 시스템은 홀러리스가 고안하였으며 1980년 미국 국세조사집계에 활용하였다.

5 ①

ENIAC… 1945년에 완성, 진공관을 사용한 최초의 컴퓨터로서 미국 펜실베니아대학의 머클리와 에커트가 레이더의 기술을 응용하여 전자부품만으로 제작한 컴퓨터이다. 이것은 프로그램을 배선반에 일일이 배선하는 외부 프로그램 방식으로 배선반을 교체하는 불편이 있고 기억용량은 불과 1백 수십자로 한정되어 있다.

6 ⑤

영상표시장치(CRT)… 전자계산기로부터의 출력데이터를 표시하는 장치로서, 문자나 도형을 고속으로 출력시킬 수 있으며, 조작이 비교적 간단하다.

7 ④

TTY(Teletypewriter)… 전신 인쇄기 형태의 키보드와 인쇄기로 구성되는 전자기계장치. 원래, 통신 시스템에서 정보를 전송하는 데 사용되었지만 지금은 종종 컴퓨터와 교신하는 데 쓰인다.

8 ③

수행속도는 소프트웨어보다는 하드웨어가 빠르며, 입·출력은 채널을 이용한 방법이 가장 빠르고 인터페이스나 소프트웨어에 의한 방법이 가장 늦다.

9 ②

주기억장치(Main Storage)

㉠ 내부기억장치라고도 하며, 프로그램이나 데이터를 기억하고 연산·제어 장치의 레지스터에 직접 읽어 내거나 반대로 써넣는 동작을 고속으로 한다.

㉡ 자심(Magnetic Core)기억장치, 반도체기억장치(IC Memory), 자기박막기억장치(Magnetic Thin Film Memory)등이 있으나, 현재는 거의 대부분 반도체 기억소자를 사용하고 있다.

10 ④

SRAM(정적램)과 DRAM(동적램)

㉠ SRAM(정적램) : Flip-Flop으로 구성되며, 전원공급이 계속되는 한 내용을 계속 유지한다.

㉡ DRAM(동적램) : 회로구성이 정전용량으로 되어 전원공급이 계속되더라도 주기적으로 충전(Refresh)시켜야 내용이 소멸되지 않는다.

11 ①

㉠ 수치데이터 표현
- 고정소수점데이터 형식 : 정수를 나타내며, 양수는 0으로, 음수는 1로 첫 Bit에 나타낸다. 부호-크기 표현법, 1의 보수 표현법, 2의 보수 표현법이 있다.
- 부동소수점데이터 형식 : 실수의 표현, 부호부, 지수부, 가수부로 구성된다.
- 10진데이터 형식 : BCD Format(2진화 10진 형식), Zone Format이 있다.

㉡ 문자데이터 표현 : BCD 코드, ASCII 코드, EBCDIC 코드 등이 있다.

12 ①

고정소수점 연산은 소수점 위치와는 상관이 없다. 고정소수점에 의한 수의 표현은 부호와 절대값에 의한 방법, 1의 보수, 2의 보수에 의한 표현방법이 있다.

13 ④

1의 보수로 나타낸 2진 고정소수점의 수를 우측으로 1bit만큼 산술적 이동하였을 경우, 부호와 반대되는 Bit가 밀려 났다면 양수의 경우 2로 나눈 것보다 0.5가 작고, 음수의 경우는 0.5가 크다.

14 ⑤

부동소수점은 가수부와 지수부가 있다.

15 ②

부동소수점표현은 수 표현에 필요한 자리수에 있어서 효율적이다.

16 ③

엔코더는 10진수의 입력을 컴퓨터의 내부코드로 변환시키는 장치이다.

17 ②

JK플립플롭은 RS플립플롭에서 R=S=1의 결점을 보완하기위한 플립플롭이다.

18 ③

플립플롭은 1비트를 기억하는 장치이다.

19 ③

AND 명령은 Mask 비트에 대응하는 0은 모두 0으로 된다.

20 ④

Stack은 LIFO로서 나중에 들어온 Data가 먼저 삭제된다.

21 ⑤

Merge … 일반적으로 같은 규칙에 의해 순서가 정해진 2개 이상의 파일을 지정된 순서에 의해 결합하여 1개의 파일로 만드는 작업

22 ③

데이터베이스의 단점

㉠ 비용이 많이 든다.

㉡ Programming이 복잡하다.

㉢ Back Up과 Recovery가 어렵다.

㉣ 데이터의 집약과 중앙집중화로 어느 한 부분의 오류는 전체시스템에 영향을 준다.

23 ①

데이터베이스의 구조를 설계하는 세 가지 대표적 양식은 관계구조, 계층구조, 네트워크 구조가 있다.

24 ⑤

데이터베이스의 네 가지 구성요소 … Data, S/W, H/W, End-User이다.

25 ①

데이터통신(Data Communication) … 단말장치와 대형 컴퓨터를 연결시켜 단말장치에서 전송한 데이터를 중앙처리장치에서 처리하여 처리결과를 단말장치로 다시 보내는 원격지간에 이루어지는 데이터처리

26 ①

데이터통신장치 … 단말기, 모뎀, 통신채널, 통신제어장치, 컴퓨터시스템

27 ③

통신제어장치의 기능 … 통신제어장치는 수많은 단말장치로부터 수시로 발생하는 데이터를 수신하고, 수신한 데이터를 컴퓨터에 전송하며, 컴퓨터에서 처리된 데이터를 단말장치에 송신하는 역할을 한다.

28 ④

① 기호번지
② 자기번지
③ 절대번지
④ 상대번지
⑤ 참조번지

29 ⑤

부프로그램(Closed Subroutine), 매크로(Open Subroutine)로 Macro 호출할 때마다 기억장소가 소요된다.

30 ①

베이식의 구성요소 … 줄번호, 명령어(문), 실행대상(Operand)

31 ③

BASIC의 특징

㉠ 문(Statement)의 종류가 적고 문법이 간단하여 초보자도 쉽게 습득할 수 있다.
㉡ 행렬의 계산이 간단하게 되는 과학기술용 언어이다.
㉢ 비교적 간단한 문제를 기술하는데 편리하다.
㉣ 대화형 언어이다.
㉤ 수정, 삽입, 삭제가 쉽다.
㉥ Keyboard로 직접 Data를 입력시킬 수 있다(천공카드가 필요없다).

32 ⑤

변수

㉠ 변수란 베이식프로그램에서 어떤 데이터를 기억할 기억장소의 이름을 의미한다.
㉡ 변수이름은 영문자와 숫자의 조합으로 구성되며, 첫문자는 반드시 영문자이어야 한다. 또 한 변수이름의 길이는 두 글자까지 유효하고 그 이상은 무시되며, 특수문자를 사용할 때는 세글자까지 유효하다. 특수문자로는 !, #, $, %만 사용할 수 있고 명령어는 변수로 사용할 수 없다.

33 ④

변수의 형태를 알려주는 특수문자

㉠ ! : 실수형(단정도)
㉡ # : 실수형(배정도)
㉢ % : 정수형
㉣ $: 문자형

34 ④

베이식의 연산순서

㉠ 괄호
㉡ 함수(SIN(X), INT(X) 등)
㉢ 거듭제곱(↑, ∧)
㉣ 곱셈, 나눗셈(*, /)
㉤ 덧셈, 뺄셈(+, −)
㉥ 관계식(>, <, = 등)
㉦ NOT
㉧ AND
㉨ OR

35 ①

Master Scheduler(마스터스케줄러) … 조작원으로 하여금 특정 동작을 하도록 하거나, 시스템의 정상적인 제어기능을 무시할 수도 있는 요구된 정보가 제공되도록 하는 제어프로그램의 기능을 허용하는 제어스케줄러

36 ⑤

가상기억장치(Virtual Memory) … 1960년 영국의 맨체스터 대학에서 제작된 아틀라스컴퓨터 시스템에 처음으로 등장한 것으로, 이 장치를 구현하는 가장 일반적인 방법은 페이지 기법과 세그먼트 기법이다. 가상번지는 일반적으로 주기억장치가 허용하는 것보다 훨씬 큰 주소범위로부터 선택되므로, 주기억장치의 용량에 비해 굉장히 큰 기억용량을 번지지정할 수 있다. 이 장치는 일반적으로 대형시스템과 기억장치의 액세스가 빠른 디스크(특히 하드디스크), 시분할시스템 등에 사용한다.

② 컴퓨터 처리속도를 개선하기 위한 방법으로는 캐시기억장치(Cache Memory)를 사용한다.

37 ①

Virtual Memory … 주기억장치 용량의 한계를 극복하기 위한 것으로서 자신이 보유한 보조기억장치의 용량까지 주기억장치를 확장시킨 개념, 실기억공간보다 주소공간이 더 크다.

38 ②

Overlay(오버레이) … 긴 프로그램을 분할하여 그 분할된 프로그램을 차례로 같은 영역에 인출하는 방식으로 긴 프로그램을 실행하는 기법, 동일한 오버레이 영역을 공유하는 프로그램의 각 부분은 특정 보조기억장치상에 기억되었다가 제어프로그램에 의해 그 영역에 읽혀 들어가게 되고, 다른 오버레이간의 통신은 일반적으로 공통 기억영역의 사용에 의해 이루어진다.

39 ③

Loader(적재기 : 로더)

㉠ 언어번역기에서 한 출력으로 나온 목적프로그램을 직접 수행가능한 형태로 바꿔주기 위하여 상대적 주소들을 재배치하고, 명령어의 오퍼랜드주소를 확정시켜준다.

㉡ 재배치 및 링크가 모두 끝나서 직접 수행가능한 형태로 되어 있는 것은 보조기억장치에서 주기억장치로 옮겨서, 실제로 그 프로그램이 수행될 수 있도록 해준다.

※ Translation(번역) … 일반적으로 어셈블리 및 고급언어로 쓰여진 프로그램(원시프로그램)을 그 프로그램의 내용을 바꾸지 않고, 기계어나 고급프로그램(목적프로그램)으로 변환하는 것

40 ③

인터럽트 … CPU가 정상적인 Program 수행 중에 어떤 예기치 않은 일(돌발사태)이 일어났을 때, Program의 수행을 멈추고 미리 정의된 기억장치로 Program을 분기한 후, 이 돌발사태를 처리한 뒤 다시 Program을 이어서 수행하는 것을 말한다.

㉠ 종류

- 외부Interrupt : 정전, Interrupt Key, Timer
- 입 · 출력Interrupt : 입 · 출력 장치의 오류나 종료
- 기계착오Interrupt : CPU의 이상 시 접근할 수 없는 곳을 접근하려고 시도할 때
- Program검사Interrupt : 나눗셈에서 0으로 나눌 때, Overflow 발생시, 명령 코드를 잘못 사용하였을 때
- 호출 Interrupt : Program 내부에서 특정한 서비스를 요구하는 경우

㉡ 우선순위 : 정전, 기계착오, 외부신호, 입 · 출력, 명령어의 잘못 사용, SVC(Supervisor Call)

41 ②

Unix File은 나무구조(Tree)로 관리되고 있으며, 파일은 바이트 단위의 데이터의 집합으로 취급되어 레코드의 개념을 갖지 않는다. 이 때문에 응용프로그램은 아주 간단하게 File을 취급할 수 있고, 또 프로그램과 프로그램 사이에서의 데이터의 수도 용이하게 할 수 있다.

※ Shell(쉘) … 이용자와 시스템 간의 대화를 가능케 해주며, 이용자가 입력시킨 문장을 읽어 그 문장이 요청하는 시스템 기능을 수행하도록 해주는 명령해석기(Interpreter)

42 ②

LAN(근거리통신망)은 정보자원이 거리상으로 가까운 한 건물 내에 흩어져 있을 때 이용하는 통신방식이다.

43 ④

종합정보통신망(ISDN) … 현재의 통신망은 전화망, 텔렉스망, 데이터통신망 등 통신 방식별로 별도의 개별 네트워크으로 구성되어 있어, 서로 다른 통신망을 이용하는 가입자간에 접속이 용이하지 않다. 이러한 사용상의 불편을 해결하는데, 디지털방식을 이용한 ISDN 구축이 대두되었다.

44 ①

최근 실용화되고 있는 인공지능시스템은 전문가시스템(Expert System)인데 광물질탐색, 의료진단처방, 증권투자안내 등 여러 분야에 이용되고 있다.

45 ③

FIFO(First Input First Out) = FCFS(First Come First Service) **스케줄링** … 가장 간단한 스케줄링 알고리즘으로 FIFO(First Input First Out) 큐로 쉽게 관리. 프로세스가 대기 큐(준비 큐)에 도착한 순서에 따라 CPU가 할당되며 단독적 사용이 거의 없으며, 다른 스케줄링 알고리즘에 보조적으로 사용(우선순위 스케줄링, RR 스케줄링 등)한다.

순번	1	2	3	4	5	6	7	8	9	10	11
요구 페이지	1	2	3	4	5	2	1	1	6	7	5
페이지 프레임	1	1	1	1	5	5	5	5	5	5	5
		2	2	2	2	2	1	1	1	1	1
			3	3	3	3	3	3	6	6	6
				4	4	4	4	4	4	7	7
페이지 부재	○	○	○	○	○		○		○	○	

46 ①

① DES : 대표적인 대칭형 암호 방식으로 정보를 보내는 사람과 받는 사람이 동일한 비밀 키를 가지고 사용하며 암호화 되는 키가 작아 암호화가 빠른 대표적인 대칭형 암호 방식이다.

② AES(Advanced Encryption Standard) : 고급 암호화 표준으로 미국의 연방 표준 알고리즘으로서 20년이 넘게 사용되어 온 DES를 대신할 차세대 표준 알고리즘이다.

③ SEED : 민간 부분인 인터넷, 전자상거래, 금융, 무선통신 등에서 공개 시에 민감한 영향을 미칠 수 있는 정보와 개인 프라이버스 등을 보호하기 위하여 개발된, 블록 단위로 메시지를 처리하는 대칭키 블록 암호 알고리즘이다.

④ RSA : 공개키 암호시스템의 하나로, 암호화뿐만 아니라 전자서명이 가능한 최초의 알고리즘이다.

⑤ IDEA : 1990년 머시와 라이가 개발한 공개 키 암호화 알고리즘의 일종으로 개량형 데이터 암호화 알고리즘이다.

47 ①

② 공공부조는 보험료의 부담능력이 없는 생활무능력자를 대상으로 한다.

③ 사회보험은 강제가입, 능력별 부담, 근로의욕 고취 등의 특성을 보인다.

④ 사회보험은 피보험자나 기업주 또는 국가에서 비용을 부담하고, 공공부조는 국가에서 전액 부담한다.

⑤ 국민연금은 사회보험에 해당한다.

48 ④

④ 공적연금제도는 재정조달 방식이 부과방식일 경우 현재의 노령세대는 근로세대로부터, 현재의 근로세대는 미래세대로부터 소득이 재분배되기 때문에 세대 간 재분배라고 볼 수 있다.

49 ⑤

취업촉진수당의 종류〈고용보험법 제37조 제2항〉

㉠ 조기(早期)재취업 수당

㉡ 직업능력개발 수당

㉢ 광역 구직활동비

㉣ 이주비

50 ③

㉠ 연금은 소득상실의 위험에 대한 소득보장이고, 특히 장기소득보장을 부여하는 사회보험의 일종으로 단기성은 연금제도의 특성으로 볼 수 없다.

㉣ 사회보험은 보험료의 강제적 징수와 정형화된 보험금의 지급을 그 특징으로 하기 때문에 자율성과는 거리가 있다.

서 원 각
www.goseowon.com